より少ない生き方

ものを手放して豊かになる

ジョシュア・ベッカー＝著
桜田直美＝訳

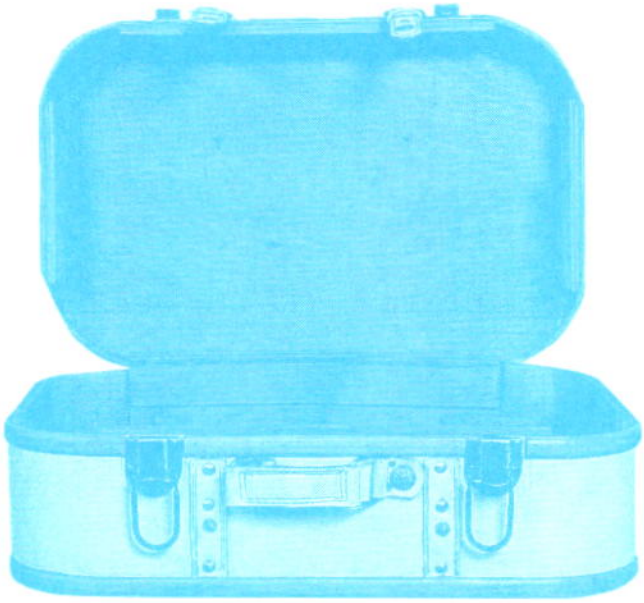

THE MORE OF LESS

かんき出版

THE MORE OF LESS

by Joshua Becker

This translation published by arrangement with WaterBrook Press,
an imprint of the Crown Publishing Group, a division of Penguin Random House, LLC
through Japan UNI Agency, Inc., Tokyo

私のウェブサイト「ミニマリストになる」に、
集まってくれるすべての人たちに捧げる。
みなさんの支援と励ましのおかげでこの本は生まれた。
これからもみなさんの存在が刺激となって、
少ないもので豊かに暮らす生き方が広まっていくことを願っている。

より少ない生き方　ものを手放して豊かになる●目次

第1章　より少ない生き方を始める

第2章 ものを減らして自由になる

第3章 自分らしいより少ない生き方を見つける

第4章　消費社会の罠を知り尽くす

第5章　自分の中にある「欲しい」という気持ちを探る

第6章 簡単なところからものを手放していく

第7章 どうしても手放せないものと向き合う

第8章

少ないもので暮らす実験をする

第9章　より少ない生き方を維持する

第10章　家族でより少ない生き方をする

第11章　ものを手放して「意味のある人生」を実現する

第12章 何のために生きるのかを見つめる

第13章 ものの少ない暮らしの先にあるもの

カバー写真©Erich Schmidt/glowimages
本文デザイン・DTP／松好那名(matt's work)

第1章 より少ない生き方を始める

２００８年のメモリアルデーの休日は、朝からよく晴れていた。

５月末のバーモント州ではとても珍しいことだ。

そこで妻のキムと私は、せっかくなので買い物や家の雑用などをすませてしまうことにした。この週末を使って春の大掃除を一気に終わらせるという、大きな目標を立てたのだ。手始めはガレージの片づけだ。

そして土曜日の朝が来た。キムと、赤ちゃんの娘はまだ寝ていたが、私は息子のセーレムを起こし、ベーコンと卵で朝食をつくった。おいしい朝食を食べれば、息子もパパの手伝いをする気になるかもしれないと考えたからだ。

５歳の子供がガレージの片づけに興味を持つかはかなり怪しいものだが、ともかくなぜか私はそう期待していた。朝食が終わると、私と息子はガレージに向かった。

うちのガレージは車が2台入る。そしていつも、ものであふれている。箱がいくつも山積みになり、今にも棚から落ちてきそうなほどだ。壁には自転車が何台も立てかけてある。庭で使うホースは、隅のほうでとぐろを巻いている。熊手やスコップや箒《ほうき》は、あっちを向いたりこっちを向いたりしている。

あまりにものがありすぎるので、車に乗り降りするときに、横を向いてカニ歩きをしなければならないこともある。

私は息子に言った。

「今日やることを説明するよ。冬の間にガレージがずいぶん汚くなってしまったんだ。これからここにあるものを全部外に出して、ホースを使ってガレージの中を水で洗う。そして中がすっかり乾いたら、今度は出したものを全部、きれいに戻すんだ。わかったかな?」

息子はうんとうなずいた。

そこでまず手始めに、隅で埋もれていたプラスチックの容器を掘り出すことにした。だが間の悪いことに、それはセーレムの夏のおもちゃを入れた容器だった。

もうおわかりだと思うが、息子は冬の間ずっと見ていなかったおもちゃと再会すると、もうガレージの掃除のことなどすっかり忘れてしまった。

そして子供用の野球ボールとバットのセットをつかむと、裏庭に向かって走り出した。息子は途中で止まってふり向くと、「パパも一緒に遊ぶ?」と言った。一緒に遊んでもらいたいと顔に書いてある。

「ごめんね。パパは遊べないんだ」と、私は答えた。

「でもここが終わったら一緒に遊ぼう。約束するよ」

セーレムの小さな頭がガレージの角を曲がって見えなくなると、私の胸はちくりと痛んだ。それなのに時間がたつにつれてやることが次々と出てきて、息子と一緒に遊べる可能性はどんどん小さくなっていった。

キムが私とセーレムをお昼に呼んだときも、まだガレージの片づけは続いていた。お昼を終えてまたガレージに戻るとき、お隣のジューンが庭仕事をしているのが目に入った。花を植えて、水をまいている。ジューンは笑顔の優しいおばあさんで、いつも私たち一家のことを気にかけてくれる。私は彼女に手を振ると、作業に取りかかった。

そのとき私は、ガレージの外に出したものをきれいにして整理する作業に取りかかっていた。これはかなり大変な仕事で、思っていたよりも時間がかかりそうだ。

最近はこうやって片づけをしていても、どうも身が入らないことがよくある。

今回もそうだった。さらに悪いことに、セーレムが何度も顔を出して、まだ遊べないのとせっついてくる。私はそのたびに、「もう少しだよ」と答えていた。

ジューンはそんな私のようすを見て、心中を察してくれたようだ。

ちょうどすれ違ったときに、「家を持つのって大変よね」と声をかけてきた。

彼女もまた、家の管理に1日の大半を費やしていた。

私は答えた。

「昔から言われている通りですね。ものが増えると、ものに支配されるようになるんですよ」

そのときのジューンの言葉が、私の人生を変えた。

「本当にそうね」と彼女は言って、「だからうちの娘はミニマリストになったそうよ。『こんなにものはいらない』っていつも言っているわ」


こんなにものはいらない。

その言葉が耳にこびりついてはなれなかった。

私はふり返ると、午前中の仕事の成果を見わたした。汚れてホコリをかぶったものたちが、ドライブウェイに山積みになっている。

そのとき突然、裏庭にいる息子の姿が目の端に映った。

息子はまだ、たった1人で遊んでいる。

山積みのガラクタと、1人で遊ぶ息子。この2つのイメージが、私の心に深く突き刺さった。そのとき初めて、自分の不満の原因がわかってきたような気がした。ドライブウェイに出現したガラクタの山が、その原因だ。

ものがたくさんあっても、幸せになれるわけではないということは、もちろん昔から知っていた。だがそもそも、それを知らない人などいるだろうか？

所有物は幸せを運んでくれない。みんな少なくとも頭ではわかっている。

しかしあの瞬間、山積みになったガラクタを眺めたとき、また別の気づきがあった。

「私の所有物は、幸せを運んでくれないだけではない。それどころか、むしろ私を幸せから遠ざけている！」

私は家の中に駆け込んだ。そして2階に上がり、バスタブを磨いている妻を見つけた。私は息を切らせながら言った。

「キム、さっき信じられないようなことが起こったんだ。隣のジューンがね、『こんなにものはいらない』って言ってたんだよ！」

その瞬間、わが家はミニマリストになった。

ものがありすぎると幸せから遠ざかってしまう

その週末、キムと私は「いらないもの」について話し合った。

人生をシンプルにして、本当に大切なことに集中できるようにするためだ。

私たちは不要品を売ったり、あげたり、捨てたりした。そして半年もしないうちに、所有物を半分まで減らした。ミニマリズムの効果はすぐに現れた。

そこで私たちは、その効果をみんなにも広めるために、シンプルで、目的意識のはっきりした暮らしの哲学を確立していった。

私はこの新しい生き方にすっかり夢中になっていた。運命のガレージ掃除をしたあの週末が終わらないうちに、もうブログを始めていたほどだ。

タイトルは、次の通りだ。

「ミニマリストになる」

ブログの目的は、離れて暮らす家族にわが家の新しい冒険を伝えることだ。

最初はどこにでもあるような、単なる日々の記録だった。

ところがしばらくすると、信じられないようなことが起こった。知らない人が私のブログを読み、友人にも紹介するようになったのだ。読者の数は数百人、数千人、そして数万人と、どんどん増えていった。

その間、私はずっと「いったい何が起こっているのだろう?」と考えていた。

私の仕事は牧師だ。中高生を指導する牧師として、全米各地の教会を回ってきた。

バーモント州では、地域でいちばん大きい教会で働いていた。神の教えで子供たちの心を豊かにする仕事に、大きなやりがいを感じていたのだ。

そんな私でも、このミニマリストのブログが人生を変えるような予感があった。ものを減らす具体的な方法を尋ねるメールも来た。メディアから取材も受けた。講演の依頼もあった。どうやら私の書いているものは、重要なメッセージだったようだ。人種、国籍、宗教は関係なく、さまざまな背景を持つ世界中の人たちが、よりよい人生を手に入れることができる。

もしかしたら私は、ミニマリズムの普及を、フルタイムの仕事にしたほうがいいのだろうか？

２０１２年、実験的に生活を変えてみることにした。アリゾナに移り、そこで２年かけて教会を設立する友人を手伝うかたわら、ミニマリズム普及のほうも仕事として本格的に始めることにしたのだ。２年が過ぎると、ミニマリズムの普及が本業になった。そしてものの少ない生活のすばらしさを、フルタイムで訴えていくことにした。

現在、ブログの人気はますます高まり、１カ月に１００万人以上が訪れている。ブログ以外にもニュースレターを発行し、本も何冊か出版した。持続可能な生活やキリスト教関係、起業家のイベントなど、さまざまな集まりでの講演の依頼も増えている。

ガレージを掃除したあの日から、私もミニマリズムについてたくさんのことを学んできた。その中からいちばん大切なことを抽出し、まとめたのがこの本だ。だが基本となる考え方は、最初の日から変わっていない。

高価なものをいくら持っていても、幸せになれるわけではない。

それどころか、ものがありすぎるとむしろ幸せから遠ざかってしまう。

いらないものを手放せば、本当に大切なものを追求する自由が手に入る。

この本のメッセージは、ものがあふれている社会に暮らすすべての人にとって役に立つだろう。きっとあなたにも、新しい人生と、もっと大きな喜びを届けることができると信じている。

クローゼットの中身が教えてくれること

コメディアンのウィル・ロジャースはこんなことを言っていた。

「あまりにもたくさんの人が、自分で稼いだわけでもないお金を使って、欲しくもないものを買い、好きでもない人を感心させようとしている」[1]

ロジャースが活躍したのは20世紀初頭だが、今の時代になって彼の言葉がますます真実味を帯びてきた。おそらく私が思うに、世界の豊かな国に暮らす人は、誰でもこの状態なのではないだろうか。

しかし、とりあえずここでは、私が暮らすアメリカ合衆国を例に考えてみよう。アメリカでは、50年前に比べて人々の消費は2倍に増えている。[2] その同じ期間で、平均的な家の大きさはほぼ3倍になった。

そして現在、その平均的な家には、およそ30万個のものがある。[3] 平均的な家庭は、人の数よりもテレビの数のほうが多い。[4] エネルギー省の報告によると、2台用のガレージが物置になっているせいで、車を1台も入れられない家庭が全体の25パーセント、1台しか入らない家庭は32パーセントになる。[5]

家庭内の収納や片づけに関するビジネスは今や80億ドル規模で、年に10パーセントの急成長を続けている。[6] それにもかかわらず、全体の10パーセントの家庭がレンタル倉庫サービスを利用している。ちなみにこのレンタル倉庫も急成長を続けていて、過去40年でもっとも成長した商業不動産ビジネスだ。[7]

そして当然ながら、アメリカ人は借金まみれだ。

一家庭が抱えるクレジットカードの借金は平均して1万5000ドル、住宅ローン残高の平均は15万ドル以上にもなる。[8]

数字を並べるのはこのへんで終わりにしよう。読者を暗い気持ちにさせたくないからだ。それに、自分がものを持ちすぎていることは、数字の証拠などなくても十分に自覚しているだろう。毎日、家の中を歩くたびに目にしているはずだ。

リビングはものだらけ。床にもものが散乱。クローゼットは満杯。引き出しからはものがあふれている。冷凍庫もパンパンで、入れたいものが入りきらない。収納スペースはどんなにあってもいつも足りない。まるで自分のことを言われているみたい？

おそらくあなたも、所有物のほとんどは好きなものなのだろう。それでも多すぎるとは感じているし、何とかしたいとも考えている。

でも、取っておくものと、処分するものは、どうやって決めたらいいのだろうか？人生から不要品を取り除くには、具体的にどうすればいいのだろう？　そもそも「所有物の適正量」は、どうやって判断したらいいのだろうか？

あなたがこの本を手に取ったのは、自分の家をすっきりさせたいと思っているからだろう。その方法は手に入ると約束しよう。しかも、それだけでは終わらない。

山のようなガラクタの下には、あなたが本当に望んでいる人生が隠れている。

この本を読めば、それを見つける方法がわかるだろう。

ものを減らせば、豊かになれる。

この本のテーマは、減らすことよりも、むしろ豊かになることのほうだ。

ミニマリズムの見返りは、家の中がすっきりすることだけではない。

本当に豊かで、満ち足りた生活が手に入る。

ずっと探していた「よりよい暮らし」を実現できる。

正直に告白しよう。実は私は、この本で大きな野望を実現しようとしている。全世界にミニマリズムを広めたいのだ。

少なくとも私の暮らすアメリカでは、人々は1日に5000もの広告を目にして、「もっと買いなさい」というメッセージを受け取っている。[9]

そこで私は、その反対のメッセージを送りたい。何百万もの人々がミニマリストになり、ものの消費が劇的に少なくなれば、世界は計り知れないほどの恩恵を受けるだろう。

ものを手放すことで得られるメリット

ものを減らすと、ものを増やしていては絶対に味わえないような喜びが手に入る。「もっと買え、もっと買え」というメッセージばかりを受け取っていると忘れてしまいがちだが、ものの少ない生活には人生を変える力がある。

この本の教えに従ってミニマリズム生活を実践すれば、次にあげるようないいことが起こるだろう。

・時間とエネルギーが増える

ものを持つには、まず買うためにお金を稼ぎ、そのものについて調べ、実際に購入し、磨いたりホコリを払ったりし、整理し、修理し、そして新しく買い換え、またはいらなくなったら売らなければならない。これは時間もエネルギーもかなり消費する。だからものを少なくすれば、時間とエネルギーは逆に増えるはずだ。その時間とエネルギーは、自分にとって大切な何かに使うことができる。

・お金が増える

簡単なことだ。買うものが減れば、使うお金も減る。ものを買うお金だけでなく、維持管理にかかるお金も節約できる。

もしかしたら、経済的自立という夢を達成する方法は、もっと稼ぐことではなく、ものを減らすことかもしれない。

・人のためになることができる

買うものを減らし、お金のかからない生活をしていると、意義に賛同する慈善活動などにお金を出す余裕ができる。お金の価値は、その使い道ですべて決まる。ものを買うよりも価値のある使い道は数え切れないほどある。

・自由が増える

ものがありすぎると、ものの奴隷になる。肉体的にも、精神的にも、経済的にも、ものに支配される。ものは場所をとるし、持ち運ぶのも手間がかかる。そして心に重くのしかかり、気持ちを沈ませる。

逆に不要品を処分すれば、それだけ自由を手に入れることができる。

・ストレスが減る

ものが増えるたびに、心配事も増えていく。ここで2つの部屋を思い浮かべてみよう。1つの部屋はものがたくさんあって散らかっていて、もう1つの部屋はものが少なくてすっきり片づいている。どちらの部屋が、あなたを不安な気持ちにさせるだろう？そして、心が落ち着くのは？

ものがたくさんあって散らかっているのは、ストレスの方程式だ。

・環境にやさしい

過剰な消費は、地球環境の破壊を促進する。消費を減らせば、環境へのダメージも減らせる。その結果、子供や孫たちも含めたすべての人たちのためになる。

・質のいいものを持てる

いらないものまで買うのをやめれば、本当に必要なものを買うときに質の高いものを選ぶことができる。ミニマリズムはただの倹約とは違う。ミニマリズムはひとつの哲学であり、ものが多ければいいのではなく、質のいいものがいいという考え方だ。

・子供のいい手本になれる

子供が親からいちばん聞く言葉は何だろう？「愛してる」だろうか？　それとも「あれが買いたい」「これが安くなってる」「買い物に行こう」だろうか？

子供にきちんとした価値観を植えつけ、過剰な消費をあおる文化から自分の身を守れるようにしなければならない。

・人に面倒をかけない

家にものがあふれている状態のまま死んでしまったり、介護が必要になったりしたら、残された人（おそらく愛する家族）に面倒をかけることになる。

ミニマリズムを徹底していれば、人に面倒をかけることはない。

・人と比べなくなる

他人と比べてしまうのは、人間の本能のようなものだ。それに加えて、自慢したい、見栄を張りたいという欲求もあるので、ウィル・ロジャースが言っていた通りの悲惨な状態になってしまう。

意識して所有物を少なくすれば、誰も勝つことができない「比較」というゲームから降りることができる。

・満足できる

自分が不幸なのはある特定のものを持っていないからであり、それさえ手に入れば人生に満足できる。私たちは、そんなふうに考えがちだ。しかし、物質的な所有物は、絶対に心を満足させてはくれない（何かを買っても、すぐにまた不満になるのがその証拠だ）。際限なくものを追い求めるのをやめたとき、そこで初めて人生の不満の正体がわかるだろう。

時間が増え、お金が増え、ストレスが減り、心配事が減り、自由が増える。
まさにいいことずくめではないだろうか？
それぞれの効果についての詳しいことは、また後で見ていこう。

それを読めば、ミニマリズムの利点を自分のものにすることができる。

ミニマリストになることの利点がこういった実際的な効果だけだったとしても、それだけで実践する価値は十分にあるだろう。しかし、利点はそれだけではない。

ミニマリストになり、不要なものを処分すると、理想の人生をつくる第一歩を踏み出すことができるのだ。

ものを手放すと大切な夢を実現できる

ミニマリストになると、その瞬間からいちばん大きな夢を追求する自由が手に入る。読者の中には、そんな夢なんてしばらく忘れていたという人もいるだろう。

所有物が少なくなれば、それだけ意味のある行動に使える時間が多くなる。

旅行する自由が手に入り、心が穏やかになる。頭の中がすっきりするので、難しい問題を解決する気力がわいてくる。お金に余裕ができるので、意義のある活動を支援することができる。本当にやりたい仕事を目指すこともできる。

今の私が情熱を傾けているのは、ミニマリズムのすばらしさをより多くの人に知ってもらうことだ。

ミニマリストになるきっかけをくれたジューンには、本当に感謝している。だから私も誰かのお隣さんになり、この生き方を伝えていきたいのだ。

また、ミニマリズムには、人間関係を改善してくれるという利点もある。

私自身、ミニマリストになったおかげで、家族や親戚、友達とすごす時間が格段に増えた。それに今でも教会の活動には定期的に参加していて、牧師をしていたときと同じくらいの仕事をボランティアでやっている。

また、神との関係も以前より深くなった。心配事が減り、自由が増えたからだ。

先日、とても嬉しいことがあった。この本の収入を資金にして、妻と共同で「ホープ・エフェクト」というNPOを設立することができたのだ。

このNPOの目的は、孤児が家庭と同じような環境で暮らせるようなモデルをつくり、そのモデルを世界に広めることだ。

このNPOのアイデアを思いついたとき、キムも私も同じ気持ちだった。

「やってみよう。せっかくお金があるのだから、意味のあることに使わないと」

ミニマリスト生活のおかげで出ていくお金が少なかったので、挑戦することができたのだ。このプロジェクトは私自身が生きた証拠だ。

人生から不要なものがなくなれば、本当に大切なものを追い求めることができる。その結果、人生の満足感が飛躍的に大きくなるのだ。

もしかしたら、あなたの理想の人生は、そのガラクタの下に埋もれているのかもしれない。

ここであなたに質問がある。まだかなえていない、いちばん大きな夢は何だろう？所有物を最小限まで減らしたら、どんなことを楽しめるだろう？　どんな夢を追い求め、どんなことを達成できるだろう？

愛する人たちと、もっと絆を深めたいと思っているだろうか？　世界を見たい？　芸術作品をつくりたい？　体を鍛えたい？　お金の心配をなくしたい？　意義のある活動に参加したい？

この本を読みながら、その夢をずっと心にとめておいてもらいたい。

私がこの本を書いたのは、あなたにいちばん大きな夢をかなえてもらいたいからだ。ただものを減らすことだけが目的ではない。

大切なのは、もっと大きな人生を生きることだ。

少ないもので暮らすと人生が変わる

この本を読んで実現できることを想像し、ワクワクしてもらいたい。

あなたには話したいことがたくさんある。ミニマリズムの哲学についても話したいし、具体的なテクニックについても話したい。あなたはきっと、しばらくたってからこの本のことを思い出し、「あれを読んで人生が変わったんだ！」と言うだろう。

だから読み終わったら、ぜひ他の人にもすすめてもらいたい。

この本は、私個人の「ミニマリズム体験記」ではない。

もちろん、よりわかりやすく伝えるために私の体験を書くこともあるけれど（私の体験が刺激になってくれればなお嬉しい）、これは私についての本ではない。

これはあなたについての本だ。そして少ないもので暮らす喜びについての本だ。ミニマリズムで人生を変える方法を伝えるための本だ。

またこの本では、実際にミニマリストになった人たちの物語も紹介している。

彼らの多くは、人生であなたと同じような体験をしていた。そんな彼らが過剰な消費生活に別れを告げた体験を読めば、自分もミニマリストになってみようと思うのではないだろうか。

この本に登場する人たちを紹介しよう。

・**トロイ**
窓枠のペンキが剥がれているのを見て、ミニマリストになる決心をした。
・**アネット**
自宅を持たず、世界を旅して回る生活を選んだ。

・デイヴとシェリル

ミニマリスト生活を始めたら、創作活動と慈善活動をしたいという意欲がわき上がってきた。

・マーゴット

家にあるものを1000個も減らして自分でもびっくりした。

・コートニー

ミニマリストになってストレスが減り、命に関わる病気の進行を遅らせることができた。

・ライアン

所有物をすべて箱にしまい、必要になったときだけ取り出すことにした。

・サラ

丸1年服をまったく買わないという目標を実行し、買い物の習慣が一変した。

・ジェシカ

15歳のときに自分なりのミニマリスト哲学を確立した。

・アリ

いちばん大切なものを手放し、地球の反対側に暮らす人たちの人生を変えた。

彼らの物語に加えて、聖書に登場する物語もいくつか紹介している。私のミニマリスト生活にとって、キリスト教はとても重要な役割を果たしているからだ。この本を読んでいると、神や聖書への言及を何度か目にすることになるだろう。

キリスト教徒ではない人や、特に宗教を信じていない人でも、これらの物語に興味を持ってもらえるだろう。それにためになるヒントも見つかるはずだ。人生や、私たちを取り巻く世界について、普遍的な真実を語っているからだ。

私がなぜこれらの物語を紹介したのか、きっとすぐにわかってもらえるだろう。世界中の人たちと実際に会い、ものを持たない生活の利点を話し合った経験から、私は自信を持って断言できる。ミニマリスト生活は、すべての人の人生を変える。

この本を読めば、私の言葉が本当であることがわかるはずだ。ミニマリズムのメッセージは種と同じだ。とても小さな粒だが、中にはたくさんの可能性が詰まっている。

より少なく豊かな暮らしはすぐそこにある

2008年のレイバーデーの休日を思い出す。

ミニマリズムに目覚めたあのメモリアルデーの休日から3カ月後のことだ。

3カ月前と同じように、空は快晴で、暖かな日だった。

ただ違うのは、キムも私も、家の仕事がほとんどなかったということだ。まだ不要品の処分が完全に終わったわけではなかったが、以前ほど家の雑事に追われないほどには、ものが少なくなっていた。

そのため私たち一家は、その休日を好きなことをしてすごすことができた。家の近くにある林を散策して、ポーチでお昼を食べて、子供たちをブランコに乗せた。

その日の夕方、息子のセーレムと一緒に、家の前にある車通りの少ない道に向かった。セーレムは自転車に乗る練習をしているところだった。私はそんな息子を誇らしく思う気持ちでいっぱいになりながら、息子のヘルメットを直し、後ろから自転車を押した。自転車と一緒に走りながら、息子が転ばないように気をつけていた。だんだんとコツを覚えていく息子を見るのが嬉しかった。

練習を終える前に、自分だけで1ブロック走ってみようと息子に提案した。私も自転車に乗り、息子と併走する。生まれて初めての親子ツーリングだ。

2人で自転車に乗って角を曲がると、庭先で何かしている隣人が目に入った。疲れて、うんざりした顔をしている……。そう、ガレージの片づけをしていたのだ。

私は思わずほほえんだ。

いつかそのときが訪れたら、人生を変えるメッセージを彼にも届けてあげよう。

「そんなにものは必要ないんだよ」

第2章

ものを減らして自由になる

「ミニマリズム」という言葉を聞いて、あなたはどんなことを想像するだろう？

何もない部屋、禁欲的、真っ白な壁、つらい倹約生活、家具がまったくない部屋で床に座る人。たいていの人は、こんなイメージが浮かぶのではないだろうか。

あなたはおそらく、ミニマリズムは苦行だと思っているだろう。

その目的は、とにかくものを持たないこと。なんて退屈で味気ない生活だろう。

そんな生活に魅力を感じる人などいるのだろうか？

でも、ここで本当のことを教えよう。

その想像は、本物のミニマリズムとは遠くかけ離れている。

私にとってのミニマリズムは、むしろ苦行とは正反対だ。

ミニマリズムは自由であり、心の平安であり、喜びだ。

ものがない場所が増えれば、それだけ新しい可能性が生まれてくる。

いらないものを一掃すれば、理想の人生を妨害している障害物もなくなるのだ。

正直なところ、私はミニマリズム自体にそれほど夢中になっているわけではない。

私が目指すのは、誰もが適正量のものを持ち、そのおかげで最高の人生を生きられるようになることだ。豊かな先進国に暮らす人の98パーセントにとっては、それはものを減らすことを意味するだろう。

そこで実際問題として、所有物を減らす方法を身につける必要がある。

以上のことを踏まえて、私なりのミニマリズムの定義をご紹介しよう。

・ミニマリズム
いちばん大切にしているものを最優先にして、その障害になるものはすべて排除すること。


ミニマリズムのいいところは、ものが減ることではない。

本当の利点は、豊かさが増えることだ。

ここで、トロイ・クブスキーの物語を紹介しよう。

大切にしているものを最優先にする

「私がミニマリストになったきっかけは」と、トロイは話し始めた。

「家の色なんです」

そんなきっかけは聞いたことがなかった。

そこで私は、トロイに理由を尋ねた。トロイは長身で、年齢は40歳くらい。赤毛で、赤い髭を生やしている。ミネアポリスで開催されたシンプルライフの会議で彼に会い、この話を聞くことができた。

トロイは数年前に家を買った。友達も一緒に住み、支払いも分担してもらう約束だった。しかし後に事情が変わり、友達が家を出ることになった。トロイは新しいルームメイトを探すよりも、仕事を増やして収入を増やし、自分だけでローンの支払いをしていこうと決めた。

「でも結局、負担が大きすぎました」と彼は言った。

「お金はあったんですが、忙しすぎたんです。さらに悪いことに、せっかく収入が増えても貯金ができなかった。みんなローンの支払いに消えていったんです」

トロイは人生の暗黒期に突入した。自分の力を確認するために、とにかくものを買い、ものを集めた。ガレージセールとバーゲンの中毒になった。彼は言う。

「今からふり返ると、あのころの私はどうかしていました。自分が何をしているのか、まったくわかってなかった。そんなとき、窓枠のペンキが剥がれているのに気づいたんです」

ペンキを塗り直すことにしたトロイは、職場の昼休みを使って、インターネットでペンキの検索を始めた。するとペンキの色があまりにも多すぎて、軽くめまいを覚えた。

しかし画面をスクロールしていくと、他とはまったく違う画像が現れた。

それは、見たこともないような小さな家だった。家の下には車輪がついていて、移動できるようになっている。家の前には鶏小屋もあった。

トロイは興味を持った。そして何度かクリックするうちに、あえて小さな家に住み、最低限のもので暮らしている人たちの世界を知ることになった。

それが、トロイがミニマリストになったきっかけだった。

彼にとって当面の目標は、現在の家をもっと住みやすい場所にすることだ。

それから1カ月かけて、自宅にあるものを1389個も処分した。そして夏の終わりまでに、処分したものの数は3000以上になった。

「ものを減らすのは簡単ではありませんでした」と彼は言う。

「でも、それが私の望みであり、必要なことでもあったんです」

話が終わりに近づくと、彼は目に涙を浮かべていた。

「私は長い間、本当に苦しんでいたんです。人生をシンプルにする必要があった。借金から解放されたかった。山のようなガラクタを処分したかった。でも、いちばん必要だったのは希望です。人生は変えられるという希望なのです。ミニマリストになり、少ないもので暮らすようになったおかげで、それを手に入れることができました」

トロイの言葉の中に、ミニマリズムの神髄が現れている。

ミニマリズムとは、すべてを手放すことではなく、大切なことを手に入れることだ。いちばん大切にしているものを最優先にして、その障害になるものはすべて排除する。

ミニマリズムは、私たちに希望をくれる新しい生き方だ。

ミニマリズムの正しい定義をしっかり頭に入れたところで、今度はミニマリズムにまつわる、よくある誤解について見ていこう。


誤解1……ミニマリズムとはすべてを捨てることである

おもしろいことに、ミニマリズムとはすべてを捨てることだと思っている人がけっこういる。しかし、それはまったく違う。

正しくは「少ないもので暮らす」ことであり、そして私がよく述べているように、「少ない」と「まったくない」は同じではない。

今の私の家に来てみれば、一見したところミニマリズムを実践しているとは思わないだろう。たとえばリビングには、4人が座れるソファ、家族の写真、ラグ、コーヒーテーブル、そしてテレビ（わが家はこの1台だけだ）がある。クローゼットを開ければ、ジャケット、野球帽、冬用の小物などが見つかるだろう。子供部屋には、本や工作の材料があり、クローゼットの中にはおもちゃも入っている。

わが家はミニマリスト生活を目指しているが、生きて、呼吸をして、変化する人間であることに変わりはない。生きるとは、消費することだ。だから、ものはまだある。ただ、過剰に持ちすぎないように極力気をつけているだけだ。

私はよく「合理的なミニマリズム」とか、「戦略的なミニマリズム」という言葉を使う。私はなにも、何も持たずに暮らせと言っているわけではない。ただいらないものを処分すれば、それだけ本当に大切な夢を追求する余裕が生まれると言っているだけだ。

私がいちばん情熱を傾けているのは、信仰であり、家族であり、人の役に立つことだ。そしてミニマリズムは、そのための手段にすぎない。物理的に余計なものがなくなるので、人生の最優先事項に集中することができる。だから私は、いらないもの、目標の障害になるものは容赦なく処分する。

しかし、理想の人生を生きるのに必要なものであれば、処分せず、ありがたく使っていく。そのことに罪悪感はまったく持っていない。

あなたも同じようなミニマリスト生活を送ることができる。すべてを捨てなければならないというのは間違いだ。理想の人生に必要なら、何を持っていてもかまわない。

誤解2……ミニマリズムとは整理整頓である

整理整頓はとても大切なことだ。しかしミニマリズムとは違う。

考えてみよう。何も処分せず、ただ今あるものを片づけるのは、一時的な解決策でしかない。片づけを永遠にくり返すことになる。

ミニマリスト仲間のコートニー・カーヴァーが言っているように、「片づけるだけで大丈夫なら、今ごろすべての問題は解決しているのでは?」ということだ。

整理整頓とは本質的に、ものを並べ替えるだけだ。いくら新しい収納場所を確保しても、明日にはまた別の収納場所が必要になっている。それに加えて、何も処分せずに片づけることには、大きな欠点がいくつもある。

・整理整頓は誰の利益にもならない

めったに使わないものが、ただ地下室や屋根裏、ガレージの戸棚を占領するだけだ。売ったりあげたりすれば、他の人の役に立つかもしれない。

・整理整頓は借金の問題を解決しない

いくら片づけても、そもそも買いすぎるという問題はそのままだ。むしろ収納家具を買ったり、それどころかもっと大きな家を買ったりして、さらにお金を使ってしまう。

・整理整頓は「もっと欲しい」という欲求を消してくれない

あふれるものたちを、プラスチックの箱やクローゼットの中に詰め込むのは、むしろ「もっと欲しい」という欲求にしがみつく行為だ。そのため、「ものをたくさん持つのが幸せである」という文化から逃れることはできない。

・整理整頓をしても人生の大切な気づきにはつながらない

所有物を並べ替えれば、一つひとつを見ることにはなるだろうが、本当に必要かどうか自問することはない。たいていはただ箱に入れてふたをして、また存在を忘れてしまうだけだ。

・整理整頓をしても人生に変化は起こらない

たしかに部屋がきれいに片づけば、そのときは気分が上向きになるだろう。

しかし、それで実際に生き方が変わることはめったにない。気持ちのうえでは、まだ家は小さすぎるし、収入は少なすぎるし、それに時間もまったく足りない。たしかにものの置き場所は変わったかもしれないが、人生の中身はまったく変わっていない。

一方で、実際にものを少なくすると、整理整頓ではできなかったことがたくさん実現できる。考え方が変わり、人生が変わる。それは一時的な解決策ではない。問題を完全に解決してくれる。

一度処分してしまえば、永遠に目の前から消えるからだ。

何もしないよりは、片づけたほうがいいだろう。

しかしものを減らすのは、それよりもはるかにいいことだ。

少ないもので暮らすと心が豊かになる

理想の人生を手に入れるのは、すべてを捨てることとは違う。または、何も手放さず、永遠に整理整頓をくり返すことでもない。

大切なのは、自由になれたと実感できるレベルまで、所有物を減らすことだ。

古今東西の賢者たちも、みなこの考え方に賛成している。

わが家がものを減らす作業に取りかかったころ、私はよく妻にこんなことを言っていた。

「これはすごいよ。ものが少なくなると、こんなに自由になれるんだね。なぜ今まで誰も教えてくれなかったんだろう」

しかし、それから間もなくして、私はふと考えた。本当に今まで誰も教えてくれなかったのだろうか？　それとも、ただ私が聞いていなかっただけなのだろうか？

そういえば教会では、物質主義をたしなめるお説教を聞かされたはずだ。それだけでなく、空虚な物質主義を拒絶して、もっと意義のある生き方に挑戦した人の体験談もたくさん聞いてきた。

そこで調査を始めてみると、どうやらミニマリズムは新しい運動ではないようだ。ミニマリズムという名前で呼ばれていないこともあるが、ともかくこの考え方は、何千年も前からすでに存在する。現在の大量生産・大量消費の社会よりも、郊外化よりも、さらには産業革命よりもはるかに昔のことだ。

経済の状態にかかわらず、ミニマリズムはつねに存在し、好ましい生き方として推奨されてきたのだ。

現代になってからも、この生き方を推奨する有名人が何人か登場した。

たとえば、ヘンリー・デイヴィッド・ソローやジョン・ラスキンだ。この2人は、

「ミニマリズム運動の父」と呼ばれることもある。

しかし、ミニマリズムは彼らよりはるか昔から存在した。人気を集めるようになったのは最近かもしれないが、新しいわけでは決してない。

「ボランタリー・シンプリシティ（自発的な簡素な生活）」という言葉を一般に広めたことで知られるデュエイン・エルジンは、私にこんなことを言っていた。

「いつも言っているのですが、私がこの運動を始めたわけではありません。初代から数えれば、私は孫の孫の孫の孫の孫の、そのまた孫ぐらいでしょう。始まったのは今から2000年ほど前で、イエスやブッダなどの偉大な賢人たちの教えがきっかけでした。彼らはみな、シンプリシティの価値を理解していましたよ。新しいのは、シンプルに生きることの価値ではなく、むしろそれが理解されている世の中の状況のほうでしょう」

少ないもので暮らすのは、いつの時代であっても、自由で豊かな生き方だ。人生に希望と目的意識を与えてくれる。ただものをたくさん持つよりも、ずっと心を豊かにしてくれる。

つまりミニマリズム運動は、現代の大量生産・大量消費へのアンチテーゼとして新しく生まれたのではない。むしろその正反対だ。

もっとも信頼できる精神の指導者たちが、何世紀も前からずっと推奨していた生き方だ。そして、私の世界観にもっとも大きな影響を与えた偉人は、イエス・キリストだ。

イエスが教えた、ものに執着しない生き方とは

イエスがまだ教えを始めたばかりのころ、若い役人がやってきてある究極の質問をした。「良き師よ」と、彼はイエスに尋ねた。

「永遠の命を授かるには何をすればいいのですか?」

イエスの答えは、そこにいるすべての人を驚かせた。

「持っているものをすべて売り、そのお金をすべて貧しい人に与えなさい。そうすれば天に宝を積むことになるでしょう。そのうえで、私についてきなさい」

この場面を記録した人は、こんな言葉を残している。

「この役人は、まさかこんな答えが返ってくるとは思ってもいなかった。彼はとてもお金持ちだったので、心から悲しくなった。多くのものを持ち、ものに執着していたので、手放すつもりなどまったくなかったのだ[1]」

前の章でも述べたように、私のミニマリズム哲学は、イエスの教えから大きな影響を受けている。とはいえ、ミニマリズムに興味を持つようになったおかげで、前から知っていたイエスの教えを、新しい角度から眺められるようになったのも事実だ。

このイエスと役人の物語は、その典型的な例だろう。

昔の私は、イエスと役人の物語を読むたびにこう考えた。

「自分の持ち物とお金をすべてあげてしまったら、惨めな人生になるに決まっている。イエスは本当にそういう意味で言ったのだろうか？」

持っているものの数で幸せを測るような世界で暮らしていると、イエスの言葉はまるでピンとこない。機嫌のいい日だったら、こんなふうに考えて自分を納得させていたものだ。

「たぶん現世で物質欲を手放せば、天国に行ったときに報われるのだろう。きっとイエスは、そういう取引のことを言っていたのだ」

ところがこの理屈では、他のイエスの言葉とかみ合わなくなる。たとえばイエスは、別のところで、「私が来たのは、あなたが本物の人生を手に入れるためだ。それは、あなたが夢に見たよりも豊かですばらしい人生だ」[2]ということも言っている。

イエスの教えはいつだってそうだった。天国に行ってからだけではなく、この地球上での日常生活を最大限に生きる方法を説いている。

ミニマリスト生活を実際に始めて、これまで紹介したような利点をすべて経験すると、イエスがお金持ちの若い役人にかけた言葉が、新しい意味を持つようになった。

イエスが本当に言いたかったのは、「持ち物をすべて売り、そのお金を貧しい人に与えれば、自分も不要な重荷から解放されるだろう」ということだったのだ。ものに執着していると、本当に豊かな人生からはむしろ遠ざかる。ものを減らしなさい。物質欲の重荷から解放されれば、目指しているものには何でもなれるだろう。

これが、イエスの答えの本当の意味だ。

イエスの答えは、若い役人の信仰心を試しているのではない。信仰が真実であることを証明するために、究極の犠牲を払うことを求めているのでもない。

むしろ、より豊かな人生への招待状だったのだ。あの若い役人は、自分の所有物のせいで、真の意味では生きていなかったのだ。

このイエスの教えは、どんな宗教を信じる人も共感できるだろう。

ここで、本当にあった話を紹介しよう。友人のアネットの物語だ。

持ち物を最小限にすると自由に生きられる

アネット・ガートランドは、アイルランド人のフリージャーナリストだ。

たいていは東南アジアを拠点に仕事をしている。活動の中心はマレーシアだが、オーストラリア、インドネシアへも頻繁に行き、都合がつけばインドへも行く。アイルランドとフランスは年に1回訪れ、これから行く予定の国もまだまだたくさんあるという。

本人の言葉によると、アネットが今の暮らしを手に入れたのは、すべてミニマリズムのおかげだ。彼女は決まった家を持たず、車も持っていない。2013年の1月にフランスを離れて以来、インターネットを使って仕事をするノマドワーカーだ。

アネットは自分のことを「どこにでもいる人」と呼んでいる。

「2009年に大きな仕事の契約を失ったの」と、彼女は私に話してくれた。「補償金をもらったので、そのお金で旅行をすることにした。少ない荷物でいろいろな場所に行くのは、本当に楽しかったわ。3カ月か4カ月ぐらい家を離れていると、家に戻るたびにたくさんのものたちに押しつぶされそうになるの。それに家賃やその他の支払いもあるし、車の維持費だってかかっている」

そこでアネットは、所有物を最小限まで減らし、完全なノマド生活を始めた。

アネットの場合、家中のものを処分するまでに、ほぼ毎日作業しても3カ月はかかった（ミニマリストになるのは簡単ではないのだ）。大半のものは誰かにあげて、売ったのはいくつかのパソコンや電子機器、それに服や家具だけだ。

もう予想はついているかもしれないが、アネットにもどうしても手放せないものがあった。「まだ何足かの靴が箱に入っていて、それに本や資料もたくさん残っているの」と彼女は言う。

「ミニマリストになるからといって、すべて手放さなければいけないというわけではない。むしろ、本当に必要なものだけを持つという意味よね。持ち物を整理するのはそのためのプロセスなの。たしかに時間はかかるけれど」

ミニマリストの状態を維持することも、アネットにとっては日々挑戦の連続だった。油断していると、ものはあっという間に増えていく。

「ジャーナリストとして何かのイベントに行くと、よくおみやげをもらうの。Ｔシャツとか、ＤＶＤとか、本とかね。それにカレンダーやいろんな記念品もよくもらう」

いらないものはその場で誰かにあげてしまうこともあるが、そうでなければ鞄に入れて持ち帰り、時間があるときに仕分けをするようにしているという。

旅行に出るときは、持ち物を整理して、何を持っていくか決めなければならない。これはなかなか大変な作業だが、アネットは前向きにとらえている。

「定期的に所有物を点検できるのはいいことよ。自分が何を持っているかきちんと把握できるし、イヤでも本当に必要かどうか判断することになるから」

アネットはホテルに泊まったり、短期的にルームシェアをしたりして暮らしている。家の管理をする代わりに住まわせてもらうこともある。本人によると、こういう生活のいいところは、自分がいちばんやりたいことに時間とエネルギーを注げることだ。

アネットにとって、それは自分のウェブサイトだ。「チェインジング・タイムズ」という名前で、環境問題を扱っている。[3]

アネットは言う。

「友達の中には、大きな家や庭の管理にいつも追われている人もいるし、どんなに稼いでも贅沢な暮らしのせいでいつもお金がない人もいる。私は本当に書きたいものに集中できるから幸せよ。それに、どこかに行きたくなったら、すぐに行けることも気に入ってるの」

もちろん、あなたが考える理想の「ものの少ない生活」は、アネットの生活とは違うかもしれない。実際、ミニマリズムのとらえ方は人それぞれだ。そのことについては、次の章で詳しく見ていこう。

あなたのライフスタイルにぴったり合ったミニマリズムを見つけてもらいたい。どんなスタイルを選ぶにせよ、ミニマリズムはあなたに自由とよりよい人生を与えてくれるだろう。それがすべての人の望みではないだろうか？

ミニマリズムについてどんな誤解をしていたとしても、今のあなたは真実を知っている。ミニマリズムとは、「いちばん大切にしているものを最優先にして、その障害になるものはすべて排除すること」だ。

ミニマリズムは、少ないもので豊かに暮らすことを求めるすべての人のためにある。

第3章 自分らしいより少ない生き方を見つける

ミニマリズムについて調べはじめると、すぐに2つのことを発見した。

1つは、ミニマリズムを実践している人はたくさんいるということ。まさかこんなにたくさんいるとは思っていなかった。この動きは本物であり、世界中に広まっている。ただあまり目立っていないだけだ。

そしてもう1つは、私が発見したミニマリストたちは、それぞれ独自の方法でミニマリズムを実践しているということだ。例をあげよう。

・サンディエゴ大学で働く**デーブ・ブルーノ**は、所有物を100個まで減らし、雑誌「ニューズウィーク」の取材を受けた。それをきっかけに、ミニマリストの間で「ものを100個にする」という運動が広がり、なかには75個や50個など、さらに過激に減らす人たちも現れた。12個まで減らした人もいる。

・**コリン・ライト**は、所有物をすべてバックパック1つにまとめ、4カ月ごとに外国へ移動している。このライフスタイルをさらにおもしろくするために、自分のウェブサイトで読者投票を行って、次に行く国を決めることもある。

・**タミー・ストローベル**は、ポートランドで夫とネコと一緒に約3・6坪の家に住んでいる。ストローベル夫妻は3万ドルの借金を抱えていて、借金から解放されるためにミニマリストになることを選んだ。

しかし実際にやってみると、ミニマリスト生活はとても楽しかった。借金を完済してからも小さな家に住みつづけ、極小住宅ムーブメントの旗振り役を果たしている。

・**レオ・バボータ**は、6人の子供を持つミニマリストだ。最近グアムからサンフランシスコに移ってきたのだが、家族の荷物は1人につきスーツケース1つだけだった。

本人によると、ミニマリズムのおかげで借金から解放され、体重を減らし、禁煙に成功し、大嫌いな仕事を辞めることができた。

自分の目的を基準に生き方を見つめる

ここに登場した人たち以外にも、フランシーン・ジェイ、エヴェレット・ボーグ、カレン・キングストン、アダム・ベイカーなどが、ミニマリストになったばかりの私のお手本になってくれた。[1]

彼らをはじめ、本当にたくさんの人たちが、この新しいライフスタイルを賞賛していた。私はほぼ毎日彼らの文章を読み、刺激をもらっていた。そのときに気づいたのは、それぞれが独自のミニマリズムで夢をかなえているということだ。

ミニマリズムを実践する方法は、人によってまったく違っていたのだ。

そこで私も、自分なりのミニマリズムを確立することにした。

もちろんいいお手本はたくさん存在するが、妻と私は特にルールは決めないことにした。ミニマリズムに決まった公式はないし、満たさなければいけない基準もない。

自分のライフスタイルに合った方法で、自分なりのミニマリズムを創造すればいい。

そうか、それならできそうだ！

あなたもきっと、ほっとしているのではないだろうか。誰かと同じようにやる必要はないし、守るべきルールもない。ミニマリズムに興味があっても、やりたくないことまでやらされそうで躊躇している人もいるだろう。

でも、今のあなたに、もうそんな心配は必要ない。

決まった家を持たず、世界を旅してまわるのは、アネット・ガートランドやコリン・ライトにとっては理想的なライフスタイルだった。

でも、あなたの理想は違うかもしれないし、違ってもまったく問題ない。

それに、100個よりもはるかに多くのものが必要だと思うなら、それも問題ない。

極小住宅に住むのは理想の生活ではないのなら、それももちろん問題なしだ。

本当に、自分の好きなようにやってかまわない。

それでも、何らかの許可が欲しいというのなら、私が許可しよう。

あなたなりのミニマリズムで問題ない。というよりも、自分なりの方法でミニマリズムを実践したほうが、むしろいい結果になるだろう。

自分に合ったやり方でも、人生を変えることはできる。

もしかしたらあなたは、山のようなガラクタを処分して、自由な時間をもっと増やしたいと思っているのかもしれない。もしそうなら、大きな変化を覚悟してもらいたい。

でもこの変化は、あなたにとって必要な変化だ。他の人にとって必要な変化ではない。

そしてあなたはきっと、心から「やってよかった」と思うだろう。

自分なりのミニマリズムを決めるとき、基準にするのは自分の「好み」だけではない。

もっと大切なのは、自分の「目的」を基準に決めることだ。

まずは、自分にとっての理想の人生について、真剣に考えてみよう。

理想の人生を思い描いたら、今度はそれを実現するのにいちばん適したミニマリズムのスタイルを考える。

いずれにせよ、ミニマリズムを堅苦しく考えるのは厳禁だ。「こうあるべき」という姿にとらわれないように注意しよう。

自分の目標を見失わずにいれば、柔軟な考え方ができるようになるはずだ。

人はそれぞれ目的のために生きている

前の章で紹介した、イエスと若い役人の話を覚えているだろうか。

役人が永遠の命を授かる方法をイエスに尋ねると、イエスは、持っているものをすべて売って、そのお金を貧しい人に与えなさいと答えた。

私の知っている多くのキリスト教徒は、イエスの答えを自分なりの理屈で説明しようとしている。

「イエスは本気で持ち物をすべて売れと言っているわけではないはずだ」と、彼らは考える（私自身も、そう自分に言い聞かせたことが何度もある）。

私たちは、自分のお金や所有物にあまりにも執着しているので、それらを持たないで生きるなんて、想像するだけで恐ろしくなってしまうのだ。

その一方で、歴史をふり返れば、イエスの言葉を拡大解釈している人もいる（数はかなり少なくなるが）。彼らの考えによると、神の教えを守って生きるなら、自分の所有物をすべて手放さなければならない。富も、所有物も、それに家さえも手放した人だけが、真に高潔な魂を持つことができる。

どちらも極端な考え方だ。

前者はイエスの言葉を甘く考えすぎていて、後者は厳しく考えすぎている。

そして、どちらも間違っている。私自身、ミニマリズムを実践してみてわかったのだが、イエスはなにも、ものを持つことに関してたった1つのルールを押しつけていたわけではない。むしろその正反対だ。

話をわかりやすくするために、イエスにまつわるもう1つの物語を紹介しよう。

イエスは、旅の途中でゲラサという呼ばれる土地にやってきた。

そこでイエスは、たくさんの悪霊に取り憑かれ、ひどく苦しむ男に出会った。

隣人たちは彼を恐れ、動けないように縄で縛るのだが、力が強いのでそのたびに逃げられてしまう。

生きている人間に歓迎されなくなった男は、墓場に行って死者たちと暮らすようになった。そしてときおり、彼の泣き声が人々の耳にも届いてきた。彼は石を使って自分の体を切った。悲しくも恐ろしい存在だった。

その男がイエスのところにやってくると、あの若い役人のときと同じように、イエスは彼にも憐れみをかけた。そして彼の体から悪霊を追い払った。

きっとその男は、イエスに対して深い畏敬の念を抱き、心から感謝したことだろう。彼はあっという間に普通の人間に戻った。ほとんど何も着ていなかったので、イエスは彼に着るものを与えた。

そのすぐ後で、イエスは出発することになった。

生まれ変わった男は、まだイエスと離れたくなかった。12人の使徒たちはイエスと一緒に旅をしているのだから、自分も一緒に行ってもいいのではないか。イエスが舟に乗ろうとすると、悪霊に取り憑かれていた男は、一緒に行きたいと懇願した。

あなたは気づいただろうか。

イエスはあの若い役人に、まさにこういう反応を期待していたのだ。

イエスは役人に、「持っているものをすべて売って私についてきなさい」と言った。たしかに福音書を読んでみると、イエスはよく、すべてを捨てて私についてきなさいと言っている。だからきっと、あのゲラサの男にも同じことを言うはずだ。

「もちろんだとも。さあ、乗りなさい。きっとこの先、あなたの助けが必要になるでしょう」と言ったに違いない。

ところがイエスは、そうは言わなかった。まったく予想外の答えだったのだ。「家族のもとへ帰り、自分の物語を伝えなさい」と、イエスは言った。「主が何をしたか、あなたにどうやって憐れみをかけたかを話しなさい」[2]と。

このイエスの対応の違いには、重要な意味が隠されている。

・お金持ちの若い役人に対しては、イエスは「持っているものをすべて売り、そのお金を貧しい人に与えなさい。そのうえで私についてきなさい」と言った。

・ゲラサの家のない男に対しては、イエスは新しい服を与えると、「家に帰り、あなたの物語を伝えなさい」と言った。

ここで考えてみよう。なぜイエスは、ゲラサの男には家を持つように言い、お金持ちの役人や他の人たちにはすべてを売るように言ったのだろうか？

答えは、人生で果たすべき役割は人によって違うということだ。

人はみな、自分だけの目的を持って生まれてくる。現代のキリスト教徒も、ゲラサの男やお金持ちの役人のように、さまざまな職業に就いているだろう。

どうやら神は、現代になっても、一部のキリスト教徒にはすべてを捨てることを求めているようだ。

たとえばマザー・テレサがそうだろう。それに、新しい修道院生活を提唱するフィラデルフィアのシェーン・クレイボーン、そして祖国を離れ、タイで女性受刑者の娘たちを育てる孤児院を設立したジャンとエレン・スミット夫妻。彼らはみな、イエス・キリストを深く愛する気持ちがきっかけとなり、それぞれの活動を始めた。

一方で、彼らとは違う使命を与えられた人もたくさんいる。

農業という仕事を与えられた人もいれば、銀行家、作家、弁護士、または学校の先生という仕事を与えられた人もいる。神は彼らに、家を手放すことを求めていない。むしろその正反対だ。ゲラサの男と同じように、自分の家に戻りなさいと言われているのだ。

もし自分が「家に帰りなさい」と言われるほうの人だとしたら、それはつまりローンが組めるギリギリの値段までお金を出して大きな家を買い、クローゼットにものを詰め込むべきなのだろうか？

もちろん違う。たとえすべてを捨てなくても、イエスがお金持ちの若い役人に言った言葉から学べることはある。それは、ものを持ちすぎると、かえって夢からは遠ざかるということだ。それに私たちだって、ただものを集めるだけの存在ではない。

もっと大きな目的のために創造されたはずだ。

自分自身のために、もっと大きな夢を見よう。自分の人生を使って、もっと大きなこと、意義深いことを達成しよう。そして、自分の使命を果たすには、どんなものを持っていればいいのか考える（農業と学校教師では、必要な道具は違うはずだ）。

必要なものがわかったら、もういらないものに人生を妨害されることはない。

どんな宗教を信じていても、宗教を信じていなくても関係ない。

あなたには夢があり、情熱がある。未来の可能性に大きな関心がある。

だからこそ、少ないもので暮らすのは、すべての人にとってとても大切なことなのだ。ものが少なければ、自分の本当の使命に集中できる。その使命が何であろうとも。

もし必要なら、旅を続けながら使命を見つけることもできる。

実行しながら学んでいくと目的がはっきりする

人生の目的がはっきりわかっている人も中にはいる。

そういう人なら、それほど苦労せずに自分なりのミニマリズムを見つけることができるだろう。自分が今いる地点から目標地点まで、最短距離でたどりつけるようなミニマリズムのスタイルを見つければいいだけだ。

一方で、人生の目的がそこまではっきりわかっていない人もいる。

間違いなくこちらのほうが多数派だろう。ぼんやりとした希望ならあるかもしれないが、欲しいものを描いたキャンバスはほとんど白くて、ところどころに絵の具が塗ってあるだけだ。そういう人たちは、大量に消費する今の生活に何となく不満を抱いて、生き方を変えたいと思っているが、具体的にどうすればいいのかはわからない。

私は多数派のほうだった。たぶんあなたも同じだろう。

あなたもまた、今までどうでもいいものを追い求める人生を送ってきたのなら、最初のうちは、本当に大切なものを見極めるのに苦労するかもしれない。

そういう人も、とりあえずものを減らすことから始めてみよう。今すぐにでも手放してかまわないものが、必ずいくつかは見つかるはずだ。不要品を処分するうちに、人生の目的もだんだんと見えてくるだろう。

そして目的がはっきりしてきたら、それがさらにミニマリズムを加速させてくれる。

あなたは自分の所有物と対面しながら、こんなことを考えるに違いない。

「本当にこれが必要なのだろうか？　なぜ必要なのか？　なぜ必要ではないのか？　取っておくものと、処分するものを決める基準は何だろう？　自分はものを減らすことで、最終的に何を目指しているのだろう？」

ミニマリズムは、完全なトップダウン方式ではないし、完全なボトムアップ方式でもない。最初から目的も方法も決まっているわけではないし、かといって何もわからず手探りで進んでいくわけでもない。両方の要素が組み合わさっている。

まず目的を決めて、それからものの少ないライフスタイルを確立していくのだ。隣人のジューンから「こんなにものはいらない」という言葉を聞いて、妻のキムと私はものを減らす作業に取りかかった。

しかし、それは簡単な作業ではなかった。何度も立ち止まり、自問することになった。たとえば、ガレージを占領していたものの中に、私のゴルフクラブがあった。使うことはめったにない。この先も、そんなに何度もゴルフをするだろうか？　もししないなら、ゴルフクラブのセットを所有している意味はあるのだろうか？　私の人生で、ゴルフの優先順位は高くない。私はそう決めると、クラブを処分することにした。

ゴルフクラブの問題が片づいても、8人がけのダイニングテーブルと、8人分の食器セットの問題はまだ残っている。うちは4人家族だ。もっと小さいテーブルに買い換えて、食器も4人分だけ残して処分するべきなのだろうか？

この場合は、キムも私もそのままにしておこうと考えた。わが家にはよくお客が来るし、それに教会の集まりを開くこともある。だから、来客用の場所と食器があることは、わが家にとって重要だった。お客をもてなすことを第一に考えた結果、わが家のスタイルに合ったミニマリズムが決まったのだ。

このように、わが家にとってものを減らすことは、そのまま何かを学ぶ過程でもあった。実行しながら学習するのだ。

この方法は、すべての人におすすめできる。

さあ、今からさっそくものを減らしていこう。ものが減れば、人生の目的がはっきりする。自分にとって大切なものが見えてくる。

たとえば、家の片づけに時間を取られるよりも、家族や友人とすごす時間を増やすほうがいいと気づくかもしれない。買い物で使うお金が減ったら、やりたかった仕事に転職する余裕が生まれるかもしれない。早く借金を完済すれば、早めの引退生活に入れるかもしれないし、旅行ができるかもしれないし、自分にとって大切な活動を支援できるかもしれない。

何のためにミニマリストになるかはあなたしだいだ。

あなたも自分なりのやり方を発見するだろう。それができるのは、あなたしかいない。

そして、旅の一歩を踏み出せば、あなただけの目的地が見えてくるはずだ。

ここで、私の友人のデイヴとシェリル・バルスロップの物語を紹介しよう。

自分の目的がわかると人生が変わる

2013年の春、デイヴとシェリルは、ずっと前から計画していた旅行に出かけた。

自家用車のSUVに乗って、自宅のあるオレゴン州ユージーンから、美しい海岸沿いの道を走ってカリフォルニア州のサンタバーバラまで行く旅だ。[3]

やっと仕事の休みが取れ、子供も独立したので、2人は久しぶりに自由になる時間を手に入れることができた。

しかし今回の旅は、ただの骨休めではない。

長い間ずっと気になっていたことを、ついに実行に移す時間でもあった。それは、人生をもっとシンプルにすることだ。キラキラと輝く太平洋、うっそうと茂る森、風にそよぐ草原が、車窓を流れていった。そして2人は車の中で、ものを少なくすることのよさを訴えるミニマリストの講演を、ポッドキャストで聴いていた。

あれは人生を変える体験だった。

旅行を始めたばかりのころは、何となくミニマリスト生活にあこがれている状態だったが、旅を続けるうちにすっかり夢中になっていた。

忙しい生活を送る2人は、切実に変化を求めていた。

デイヴの仕事は障害者のメンターで、シェリルは弁護士だ。2人とも健康で、仕事も充実し、愛する家族に恵まれている。それでもしばらく前から、生活に余裕はまったくないと感じていた。いつも時間に追われ、貯金もまったくできない。

彼らもほとんどの親と同じように、子供にはできるかぎりのことをしてきた。

夢のマイホームを購入し、アッパーミドルの豊かな暮らしを支えるために、住宅を担保に借金をくり返した。しかし、子供たちが高校を卒業して家を出ると、2人の中にある「何かが間違っている」という感覚がどんどん大きくなっていった。

収入は十分にあったが、家族とすごす時間はまったく足りない。

将来の計画を立てる時間も、自分の健康管理のための時間もなかった。

ポッドキャストでミニマリストの講演を聴いているうちに、2人は気がついた。自分たちが考える最優先事項と、実際の時間とリソースの使い方が完全にずれていたのだ。シェリルは言う。

「いちばん大切なことをいつも後回しにしていることに気づいたの。私たちにとっていちばん大切なのは、家族、教会、健康、それに老後の資金を十分に貯めること。でもそれをすべて犠牲にして、贅沢な暮らしで見栄を張ることばかり優先していた。考えてみたら、健康管理にかける時間よりも、リビングに置くカウチを選ぶ時間のほうが長かったのよ。本当にびっくりしたわ」

そこで2人は決心した。今すぐ行動を起こし、生活をダウンサイズする。

まず家にあるものの大半を売ったりあげたりした。そして、自宅のすぐ前にある、もっと小さな家に引っ越した。

現在、デイヴとシェリルは、ものの少ない生活を心から楽しんでいる。本当に大切なものを優先する生活を、やっと実現することができた。家族との時間を手に入れ、健康になり、教会の活動にも参加し、そして心は穏やかに落ち着いている。

しかし、2人の話はここで終わりではない。

不要なガラクタに時間を取られることがなくなったおかげで、新しい情熱を発見したのだ。デイヴにとってそれは書くことで、シェリルにとっては困っている家族を助けることだ。シェリルはそのために仕事も変え、法廷弁護士から、調停を専門に行う弁護士になった。2人とも人生にはっきりとした目的ができた。

きっと子供たちには、大きな家よりも大切なものを残すことができるだろう。

バルスロップ夫妻がミニマリズムに興味を持ったのは、実際のライフスタイルと自分たちの価値観が合っていないと感じたからだ。しかしミニマリズムを実践する過程で、自分でも気づいていなかった情熱も発見することができた。

それは、ものを少なくしたおかげで、生活に余裕が生まれたからだ。

目的に合わせてシンプルにする方法を選ぶ

第1章でも述べたように、ミニマリズムの最大の利点は、自分にとっていちばん大切な夢に集中する余裕が生まれることだ。しかしそれだけでなく、自分でも気づいていなかった情熱を発見できるという利点もあるようだ。

まずは思い切って始めてみよう。ミニマリズム生活に、自分の目的や価値観を教えてもらおう。そして目的や価値観が決まったら、そこから自分に合ったミニマリズムのスタイルを確立していくのだ。

くり返すが、ミニマリズムの目的はただものを減らすことではない。人生から不要品を取り除き、もっと多くのことを達成できるようになるのが本当の目的だ。

あなたが見つけるミニマリズムの形は、他の誰のものとも似ていないだろう。それは、あなたと同じ人生を生きている人は他にいないからだ。あなたは大家族かもしれないし、違うかもしれない。または一人暮らしかもしれない。農場で暮らしているかもしれないし、都会のマンション暮らしかもしれない。

音楽が好きな人もいれば、映画が好きな人、スポーツが好きな人、本が好きな人もいる。芸術作品を創っているかもしれないし、いないかもしれない。豪華なディナーパーティを開くためにこの世に生まれたという人もいるだろうし、自宅を仲間の溜まり場にするのが好きだという人もいるだろう。

力のかぎり夢を追いかけ、持っているリソースを最大限に活用しよう。身の回りから余計なものがなくなれば、いちばん大切なことに集中できる。

自分の生き方にぴったり合ったミニマリズムのスタイルを見つけよう。今より手間が増えるのではなく、今より自由になれるのが正しいミニマリズムだ。

ただし、自分なりのミニマリズムは、そう簡単には見つからないだろう。時間がかかることは覚悟しておいてもらいたい。

状況が変われば、ミニマリズムのスタイルも大きく変わる。ギブ・アンド・テイクの精神が必要だ。それに何度か失敗も経験するだろう。だからこそ、謙虚な心がとても大切になる。

それでも最後には、人生から不要品を取り除くことに成功するだろう。

そのおかげで余裕が生まれ、本当に大切なことに集中できる。

自分だけの生き方を見つける

マーク・トウェインはかつてこんなことを言った。

「人生でいちばん大切な日は、自分が生まれた日と、生まれた理由を見つけた日だ」

私なら、さらにもう1つ付け加えるだろう。それは、人生から余分なものを取り除き、本当の目標を追求すると決めた日だ。

人生をシンプルにする自分なりの方法が見つかったら、もう成功したようなものだ。自分に合った方法なので、無理なく続けることができる。そして新しく手に入った自由のおかげで、自分の本当の使命を果たすことができるだろう。

では、具体的にはどうすればいいのだろうか？

自分の本当の目的が知りたかったら、まずは自己分析から始めてみよう。

自分の才能、能力、弱点は何だろう？　どんな分野にとりわけ情熱を持っているだろうか？　１枚の紙を用意して、次の質問に答えてみよう。

1　どんな経験があなたの人生を決めてきたか？　いい経験も、悪い経験も書く。
2　過去の大きな成功を比べてみて、何か共通点はあるだろうか？
3　世界の問題の中で、何をいちばん解決したいと思うだろうか？
4　お金の問題がないとしたら、いちばん魅力を感じる仕事は何だろう？
5　あきらめたことをいちばん後悔している夢は何か？
6　後世に何を残したいだろう？
7　いちばん尊敬する人は誰か？　具体的にその人のどんなところを真似したいと思うだろうか？

この本を読みながら、いちばん大切な夢について考えていってもらいたい。先へ進むほど、明確な目標を持つことがどんどん重要になってくる。

とりあえず今のところは、「自分は他の誰かの人生を生きるために生まれてきたのではない」ということだけ確認しておけばいいだろう。

あなたは、あなた自身の人生を生きるために生まれてきた。だから、今この場で決心しよう。自分にぴったり合ったミニマリズムを実践することで、自分の力の及ぶかぎり、最高の自分になるのだ。

第6章から先では、ミニマリズムを実践するための具体的なヒントを書いている。でもそれを読む前に、ミニマリズムの敵の正体をはっきりさせておく必要があるだろう。それは、消費をあおる広告戦略（第4章）と、自分の中にある欲（第5章）だ。

第4章

消費社会の罠を知り尽くす

息子は5歳の誕生日に、ある有名なおもちゃのチェーン店で使える商品券をもらった。

「セーレム、それで何を買いたい？」と、私は尋ねた。

息子は迷わず、「スケートボード」と答えた。

息子がしばらく前からスケートボードを欲しがっていたのは知っていた。そしてついに買える手段が手に入ったのだ。私たちは車に乗り、店に向かった。

最初はすぐに終わると思っていた。店に入り、スケートボードを見つけ、レジに持っていく。そして車に乗って家に帰る。それだけだ。

ところが、そんな簡単な話ではなかった。

店に入ると、そこはセーレムにとって夢の世界だった。目の前にはありとあらゆるおもちゃが並んでいる。息子はすべてのおもちゃを触りたがった。スーパーヒーローのフィギュア、レゴ、電子機器のおもちゃ、他にもいろいろある。

私は息子の腕をつかむと、スケートボードの前に引っぱっていった。間の悪いことに、その途中で恐竜のおもちゃのコーナーを通ることになってしまった。私は悪い予感がした。そのころセーレムは、ちょうど恐竜に夢中になる時期を迎えていたからだ。

セーレムは、洞窟の形をしたテントの前で立ち止まった。パッケージを見ると、洞窟テントの中で楽しそうに恐竜のおもちゃで遊ぶ男の子が描かれている。

セーレムは真剣な声で言った。

「パパ、ぼくはこれを買う」

私は答えた。

「でも、スケートボードを買うために他のものを我慢してきたんじゃないか。それに、テントを使うことなんてめったにないよ。恐竜のおもちゃはついていてないんだから」

そうやってしばらく押し問答を続けた。セーレムはこのテントが自分の幸せに不可欠であると主張し、私はテントを買うのは間違いである理由を説明する。

そしてついに、私は議論を終わりにした。

「セーレム、テントは買わないよ。もう決まりだ」

私は半べそをかくセーレムを引っぱって恐竜コーナーを離れた。

それでも予定通りにスケートボードを買って店を出たとき、息子はすでに笑顔を浮かべていた。このスケートボードは息子のお気に入りになり、それから数え切れないぐらい乗って遊ぶことになる。

あの日の買い物のことは、何年たってもたびたび思い出していた。

私たち大人も、5歳のセーレムと同じだ。何かが欲しくなると、どうしてもがまんできなくなる。商品の魅力に取り憑かれ、本当に必要かどうか、買ったとしてもはたして本当に使うのかといったことがわからなくなる。

考えられる理由の1つは、私たちが消費文化の中で暮らしているということだろう。大量生産・大量消費が当たり前の世の中で、それについて特に考えることもない。消費をあおる広告があふれ、とにかく買えば買うほど幸せになれるという考えを刷り込まれている。

次の章でも見ていくように、この消費文化と、自分の中にある欲が合体し、消費するのが当たり前という感覚が生まれるのだ。こうやって私たちは、消費文化の狂騒に飲み込まれていく。そしてごくたまに、何かが間違っているような気がして胸が痛むのだ。

消費の誘惑を断ち切るには、今まで見えていなかったものにあえて目を向けるという方法がある。消費をあおる広告の正体を暴くのだ。広告は社会の隅々にまで浸透し、私たちの意識の中にも入り込んでいる。

まずは、自分が広告の影響を受けていることを自覚する必要がある。それを自覚しなければ、消費の誘惑と戦うことはできないだろう。

ここで1つ警告がある。消費文化の罠を見抜き、誘惑を断ち切るのは、簡単なことではない。しかし、見返りは大きく、努力する価値は十分にある。

消費文化の嘘を暴けば、本物の幸せを手に入れることができるのだ。

ものをいくら買っても幸せにはなれない

物欲は太古の昔からずっと人間の弱点だった。

しかし現代の消費文化は、どちらかといえば新しい現象だ。おそらく生まれてから100年ぐらいしかたっていないだろう。ここでもまた、私が暮らすアメリカを例に考えていこう。豊かな先進国であれば、だいたい似たような状況になっているはずだ。

1920年代、アメリカでは史上初めて、幅広い国民が豊かな生活を享受するようになった。そして広告業界は、意図的に消費と幸せを結びつけた。

そのとき彼らは、心理学の専門家から助けを得る。たとえば、フロイト派の精神分析医のアーネスト・ディヒターは、実際に広告業界に協力し、「人々のニーズや欲求は、ある程度まで継続的に刺激する必要がある」という言葉を残している。[1]

この戦略は今も変わらない。たとえば、こんな記事がある。

今の時代、ｉＰａｄを持ち、正しいバケーションをすごし、最新のスニーカーを履かなければ、周りから認めてもらうこともできない。あるブランドのビールは、友情や仲間意識と同義語である。大きすぎる家はステータスになり、家主の甲斐性を証明してくれる存在だ。もちろん、すべては広告業界の戦略であり、私たちが必要以上にものを買うと、彼らのクライアントが儲かる仕組みになっている。[2]

広告業界は、私たちの利己的な所有欲を巧みに利用してきた。その結果、今では「幸せ」と「消費」がほぼ同じ意味になっている。これではまるで、人生の目的は自分の欲求を満足させることであり、消費がそれを達成する唯一の方法になっているかのようだ。私たちはもう、この風潮について何も考えない。ただ空気のように当たり前の存在として受け入れている。

ここで私と一緒に、消費文化がどれくらい深く浸透しているか考えてみよう。大きな通りには、必ずショッピングモールや商店がある。国の状態がいいか悪いかは、ＧＤＰ、貿易収支、個人消費、インフレ率で判断される。国土の隅々まで商業化され、国立公園でさえ例外ではない。政治家を選ぶときも、景気を良くしてくれるかどうかという条件だけで判断している。

そしてアメリカンドリームの基準は、稼ぐ額と家の広さだ。

広告業界は優秀な人材の集まりだ。アメリカでもトップクラスの頭脳を誇る彼らが、私たちの物欲を刺激するさまざまな方法を編み出している。それに現代は、ものを買うのは格段に簡単になった。ただマウスをクリックするだけでいい。

テクノロジーの発達で個人情報を集めるのが容易になり、それぞれの好みに応じた商品を宣伝するターゲット・マーケティングが可能になった。企業が握っている情報は、私たちの年齢、性別、独身か既婚かということだけにとどまらない。純資産額、好み、買い物の傾向、好きな本や映画といった情報までもが企業に筒抜けだ。

私たちがどこでお金を使い、いつお金を使い、どのようにお金を使うかを彼らは知っている。スマートフォンやブラウザの閲覧履歴からありとあらゆるデータを集め、記録している。そうやって集めた情報を駆使して、毎日のように私たちの弱点を突いてくるのだ。

ある意味で、私たちのことをいちばんよく知っているのは、私たち自身ではなくマーケターかもしれない。彼らは私たちの不安につけこみ、劣等感を刺激する。私たちの情熱は消費文化にハイジャックされ、ものを買うことがすべてになった。しかし人生の終わりになって、もっと買えばよかったという後悔をする人は誰もいない。

なぜこんなことになってしまったのか。

それは、いくら消費しても、「満足して幸せになれる」という約束は絶対に果たされないからだ。過剰な消費は、むしろ私たちから自由を奪い、さらに物欲を刺激するだけだ。買わなければという焦りが重荷になり、そして後に残るのは後悔だけだ。

本当に大切なものが見えなくなってしまう。

だが、消費の誘惑に勝ったからといって、それだけで幸せになれるわけではない。物欲をなくすだけでは、そこにただ何もない空間ができるだけだ。

大切なのは、その空間を何で埋めるかということだ。

それでも、少なくとも第一歩ではある。消費の誘惑を断ち切れば、もう広告戦略にだまされることはない。そうすれば、本当の幸せを見つける可能性が生まれるだろう。

そして幸せの形は、一人ひとりで違っている。

この章の残りの部分で、消費社会の罠にはまらないために、注意するべき3つの分野について説明していこう。以下がその3つだ。

・世代による消費に対する考え方の違い
・自分の中にある成功の定義
・広告業界の手口

世代による消費に対する考え方の違いを知っておく

中国人アーティストのソン・ドンは、亡くなった母親が残したさまざまな家庭用品を集め、「Waste Not（無駄にしない）」という作品にした。

この作品には、彼の母親が所有していたすべてのものが使われている。コップ、ポット、洗面器、歯磨き粉のチューブ、シャツ、ボタン、ボールペン、瓶のふた、手提げ、桶、糸、ネクタイ、茶碗、ハンドバッグ、縄跳び、ぬいぐるみ、人形などなど、全部で1万点にもなる。そのすべてが、母親が暮らす北京の家に詰め込まれていた。家の広さは、わずか5坪か6坪だ。

あまりにも小さいので、世界各地の展覧会の会場に持ち運ぶことができる。[3]

何年か前に、ニューヨーク近代美術館で実際に作品を見たとき、私の中にさまざまな感情がわき上がってきた。

最初の反応は当惑だった。なぜ使い切った歯磨き粉のチューブを12個も取っておくのか。なぜ短い糸をあんなにたくさん持っていたのだろうか。

次の反応は驚きだ。これ全部が、本当にこの小さな家に入っていたのだろうか。

次にわき上がってきたのは嫌悪感だ。なんてひどい暮らしなんだ！　これだけのものを家の中にため込んでいたなんて!

そして最後にわき上がってきたのは、自分でも意外だったが、感謝の気持ちだった。この作品が表現しているのは、何でもため込んでしまういわゆる「ゴミ屋敷」ではない。むしろこれは、ある世代の人たち全体に共通するひとつの哲学だ。

この世代の中国人は、戦争、飢餓、深刻な物不足、政情不安を経験している。ソン・ドンの母親も、生き残るためには、手に入るものはすべて死守しなければならないと感じていたのだろう。私の目には病的な収集癖のように見えても、実際は激動の時代を生きるための知恵だったのだ。

ソン・ドンの母親とは違い、私は政情不安や貧困を経験していない。そのため、何でも捨てずに取っておき、飢餓や動乱に備える必要を感じることなく育ってきた。私にはものの少ない生活を選ぶ自由があり、そのことに感謝している。

私は今になっても、世代によって所有物に対する考え方が違うことを実感するたびに、ソン・ドンの作品を思い出す。どんな時代に生まれ、どんなライフステージにあり、どんな時代を生きてきたかによって、ものとの付き合い方が決まっているのだ。

あなたが属している世代は、ものとどんな付き合い方をしているだろう?

世代間の違いを知ると、自分をより深く理解する助けになる。

世代による分析は、たしかに厳密な科学ではない。それでも自分の傾向を理解する参考にはなるだろう。[4]

自分がどの世代に属しているのかを確認したら、今度はそれが自分の消費行動にどのような影響を与えているかを考えてみよう。

世代はだいたい次のように分類できる。

・サイレント・ジェネレーション：1928年～1945年生まれ
・ベビーブーマー：1946年～1964年生まれ
・ジェネレーションX：1965年～1980年生まれ
・ミレニアル世代：1981年～2000年生まれ

・サイレント・ジェネレーションの消費傾向

サイレント・ジェネレーションは、大恐慌と第二次世界大戦の時代に育った。彼らのものとの付き合い方を一言で表現するなら、「無駄がなければ、不足することもない」となる。ソン・ドンの母親と同じだ。

この世代の人たちは、たいてい買ったものを長く使う。

アメリカが高い失業率と干ばつに苦しんだ時代に育ち、それに続けて世界史上でも最悪レベルの過酷な戦争と食糧配給の時代を経験した彼らは、必要に迫られて質素倹約の生活を送っていた。だから取っておけるものなら、何でも取っておいた。

現在、この世代の人たちは70代から80代になっている。彼らはだんだんと小さな家に暮らすようになった。必要に迫られてそうした人もいれば、自分で選んだ人もいる。しかし、いずれにせよ、喜んでそうしたわけではない。

この世代の高齢者にとって、生活をダウンサイズするのは大きな苦痛をともなう作業だ。肉体的に大変なのはもちろん、精神的にもつらい。それまでずっと同じ家で暮らしていたのなら、つらい気持ちがなおさら大きくなるだろう。

あなたがこの世代に属するなら、おそらく生活をダウンサイズする必要に迫られているだろう。あなたにとってミニマリズムは、よりよい生活を手に入れる手段というよりも、むしろ「しなければならないこと」だ。

今こそ、「もっと買え」という消費社会の誘惑に打ち勝たなければならない。若い時代の質素な暮らしを思い出し、世の中に蔓延する所有欲に背を向けよう。

不要品の山という重荷がなくなれば、残りの人生をより穏やかに、より豊かに生きられるはずだ。

・ベビーブーマーの消費傾向

ベビーブーマーは、第二次世界大戦の直後に生まれ、サイレント・ジェネレーションとはまったく違う世界で育っている。

第二次大戦の終結を受けて、アメリカは深刻な住宅不足に見舞われた。戦場から兵士が戻り、さらに出生率が飛躍的に伸びたからだ。住宅地は都市から郊外へと急速に広がり、その結果アメリカで初めて「郊外型のライフスタイル」が誕生する。

この世代の人たちは、豊かな時代の恩恵を受けて育った。

彼らが生きたのは、外で働く女性の数が飛躍的に増え、アメリカ史上初の共働き家庭が誕生した時代だ。可処分所得は、かつてないほど増えることになる。そして戦争が終わったことで人々が楽観的になり、社会の安定と成長につながった。

こうやってベビーブーマーは、第一級の消費者になったのだ。

現在、彼らの子供の世代がすでに大人になり、独立している。そして大量のベビーブーマーが引退の年齢を迎えようとしている。彼らの多くが、苦労して手に入れたライフスタイルを維持するために、生活をダウンサイズして持っているリソースを長持ちさせようとしている。

彼らにとって、ミニマリズムはピンと来ない考え方かもしれないが、その利点は理解するようになってきた。

もしあなたがベビーブーマーに属するなら、おそらく「買うこと＝幸せ」という方程式に疑問を持ちはじめているだろう。郊外に広い家を持ち、消費生活を楽しんできたかもしれないが、最近はものよりも体験が大切だと考えるようになってきたかもしれない。物欲を満足させるよりも、後世に何か残したいと思っているかもしれない。もしそうなら、あなたは正しい方向に進んでいる。

この世代の人々は、社会のあらゆる分野で変化を起こしてきた。そして、変えられるものがもう1つある。

それは、所有と消費に対する自分の考え方だ。

・ジェネレーションXの消費傾向

私も属しているジェネレーションXの人たちは、「冷めている」「個人主義」「自分が生き残ることだけ考えている」といったレッテルを貼られてきた。

私たちは多くの意味ではざまの世代だ。消費文化がもっとも大きく花開いた時代と、ものがあふれる状態への疑問が生まれてきた時代のはざまに存在し、2つの力の間を舵取りしながら進んでいる。

この世代が子供のころ、「鍵っ子」という言葉が誕生した。両親は共働きで、たしかに可処分所得は多いが、子供のための時間やエネルギーはあまり残されていないことが多い。両親が買った郊外の一戸建てに暮らしているが、夕食に家族が揃わないこともよくあった。

ジェネレーションXが大人になるころ、テクノロジー革命が起こる。幼稚園に入るころは世の中にパソコンなど存在しなかったが、まずワープロでタイピングを覚え、大学ではメールを使って教授にレポートを提出するようになった。

このテクノロジー革命のおかげで、私たちの世代はかなり移動が自由になった。個人主義が強く、既存の制度を信頼していないために、この世代は平均して生涯で7回も仕事を変える。祖父母の時代には想像もできなかったことだ。

しかし子供は、人を変える力を持っている。

今やジェネレーションXも中年になり、さまざまな年代の子供を持つ親になった。かつて鍵っ子だった彼らは、親世代の子育てとは正反対の道を選び、「ヘリコプター・ペアレント」と呼ばれる過保護な親になった。そして、ベビーブーマーの祖父母は、ものを買い与えることで家族への愛を表現してきた。

その結果、ジェネレーションXの家は、ものであふれかえることになる。もしあなたがこの世代に属するなら、生涯でもっとも稼げる時期にさしかかっているあたりだろう。消費社会が提供する楽しみが、かつてないほど身近に感じられるはずだ。しかし、だまされてはいけない。ものを持ちすぎることの悪影響は、すでに実感として知っているはずだ。

今こそ消費文化に「ノー」と言おう。手遅れになる前に。

・ミレニアル世代の消費傾向

ある意味で、ミレニアル世代にとってはミニマリズムが自然な生き方だ。

ミレニアル世代は、テクノロジー革命が起こってから生まれた最初の世代だ（革命はまだ続いていて、とどまるところを知らないようだが）。世界がより小さくなり、いつでもテクノロジーを利用して誰とでもつながれるのが当たり前だと思っている。カフェがオフィスになり、競争がコラボレーションになり、移動することが当たり前になった。

多くのミレニアル世代にとって、ものがたくさんあることは、移動するライフスタイルの妨げでしかない。

今まで見たすべての世代の中で、このミレニアル世代がいちばん環境意識が高く、それが消費のスタイルにも大きな影響を与えている。テクノロジーのおかげで、さまざまな人とものを共有することが簡単になり、「シェアリング・エコノミー」が発達した。

彼らは自転車、車、家などを個人で所有せず、多くの人とシェアしている。アクセスが簡単になり、所有する意味がなくなったのだ。

それにネット販売のおかげで、世界のあらゆる場所から瞬時にものを買うことができる。ネットで買えないものはない。クリック1つで24時間後にはもう届いているのだから、自宅にものをため込む必要はなくなった。

ミレニアル世代はミニマリズムに魅力を感じる。

最近のデザインの流行を見ても、それがわかるだろう。テクノロジーのおかげで、ものをたくさん持つ必要はなくなった。それにミニマリズムのライフスタイルは、ミレニアル世代に根づいた価値観の多くとも一致している。

しかし、ここで注意しなければならないのは、この世代は世界的な金融不況の最中に大学を卒業し、社会に出たということだ。仕事が見つからず、それに学費の借金もかつてないほど高額になっているために、たとえ盛大に消費したくてもできないという事情がある。

ミニマリズムが彼らにとって自然なスタイルなのか、それともこの先景気がよくなれば、前の世代と同じように消費社会の誘惑に負けるのかは、今のところまだわからない。ミレニアル世代自身のためにも、前者であってほしいと願っている。

あなたがミレニアル世代に属するなら、すべての人を自由にしてくれるこのミニマリズムに、率先して身を投じるべきだ。あなたの世代は、他の誰よりもミニマリズムを始めやすい立場にある。

世代によって消費スタイルに違いがあるということを知っていれば、自分を理解するうえで役に立つだろう。さらには、すべての世代のアメリカ人に共通する、危険な勘違いも自覚しておいたほうがいい。

それは、過剰なライフスタイルを成功だと思うという勘違いだ。

過剰なライフスタイルは成功の証しではない

世間は成功者を賞賛する。もちろんそうあるべきだ。自分の才能を磨き、努力を重ね、困難を乗り越えた人は、世間から認められて当然だろう。

しかし残念ながら、私たちの社会は、過剰なライフスタイルをもてはやす傾向もある。もちろん派手な消費を崇拝することは以前からあったが、ここまで極端になったのは現代になってからだろう。

雑誌を開けば、裕福な有名人の日常がことこまかに紹介されている。長者番付も毎年発表される。テレビのリアリティ番組も、派手な浪費をくり返すライフスタイルを賞賛する。インターネットも、贅沢な生活をしている人たちの物語であふれている状態だ。

私たち自身も同じことをしている。

近所に大きな家ができれば、その大きさを賞賛する。運転中に近くを高級車が通れば、必ず気づいて何らかのコメントをする。高級ブランドの服やバッグを持っている人をうらやましく思う。お金持ちと結婚したいと冗談交じりに言ったりする。お金を湯水のように使う生活を夢想する。

私たちは、すべてを持っているように見える人たちの生活にあこがれる。そうやって、過剰なライフスタイルを賞賛しているのだ。

しかし、それは大きな間違いだ。

成功と、過剰なライフスタイルは、同じものではない。

金持ちになれるかどうかは、運によるところも大きい。自分の努力と献身で富を手に入れる人もたしかにいるが、それがすべてではない。

親から財産を相続する人もいるだろうし、不正な手段で富を築く人もいるだろうし、ただ単に運がよかっただけの人もいるだろう。努力以外の手段でお金持ちになった人は、実際のところ、世間から賞賛されるようなことは何もしていない。

どうやって裕福になったかは関係なく、派手な浪費はそもそも賢いお金の使い方とはいえないだろう。お金があるからといって、何に使ってもいいというわけではない。

それなのになぜ私たちは、自分のためだけに浪費するお金持ちをもてはやしてしまうのだろう？

それは、世の中の価値基準がおかしくなっているからだ。

実際のところ、派手な暮らしをしている人たちは、必ずしも充実した人生を送っているわけではない。むしろ質素で控えめな暮らしをしている人のほうが、幸せで充実した人生を送っている。私たちがお手本にすべきなのは、この質素で幸せな人たちのほうだ。

しかしこういう考え方は、まだまだ世の中の価値観と相容れないのが現状だ。

あなた自身も、過剰なライフスタイルを、何か別のものと勘違いしていないだろうか？ その勘違いから、自分が消費文化にどこまでとらわれているかがわかるだろうか？

成功を賞賛するのは正しい。しかし、過剰なライフスタイルを賞賛するのは間違っている。この2つの違いを知れば、人生を変えることができるだろう。

正しい価値観を身につければ、もう「もっと買え」という消費文化の戦略にだまされなくなる。

浪費を防ぐために広告業界の手口を知る

私たちは買い物が好きだ。

ブラックフライデーの大騒ぎを見れば、それがよくわかる。

ここアメリカでは、11月の第4木曜日が感謝祭の休日だ。もともとは今あるものに感謝するための日だったのだが、近ごろでは1年で最大の買い物シーズンが幕開けする日になっている。感謝祭の翌日のブラックフライデーは、全米で1億4000万人以上もの人々が買い物をするという。この日からクリスマスまでのホリデーシーズンだけで、アメリカ人は6000億ドルも買い物をする。[6]

マーケターや広告業界の人間はかなりいい仕事をしているようだ。2013年、アメリカでは、デジタル、雑誌、新聞、ビルボード、ラジオ、テレビなどのメディアの広告に1710億ドルが費やされた[7]。

自分は広告を見ない（または、賢いので見ても影響を受けない）と思っているのなら、それは勘違いだ。企業もバカではないのだから、確実に効果があるかどうかがわからないものに1710億ドルも使ったりはしない。消費者に影響を与えると確信しているから、ここまでの大金をつぎ込んでいるのだ。

もちろん彼らは、そんなことはおくびにも出さない。むしろ消費者には、「自分は広告の影響を受けない」と思ってもらっていたほうが好都合だ。誰も自分が簡単に影響されるとは思いたくないし、見知らぬ人たちの策略にまんまとはめられているなんてなおさら認めたくないだろう。

そのため、成功した広告キャンペーンの多くは、私たちの潜在意識にポジティブなイメージを植えつけようとしている。

たとえば、あのコロンをつければ異性にもてるとか、あのソーダがあればパーティが盛り上がるとか、あの車に乗れば周りから一目置かれるとか、あの保険に入れば安心できるというメッセージを、さりげなく送ってくるのだ。

消費者を操作する方法はいろいろある。

ロゴの色、映画やテレビに商品を登場させる、セレブをコマーシャルに起用する。消費者の視線の動きや瞳孔の大きさまでも研究しているという。

しかし、マーケターの真の腕の見せ所は、単なるコマーシャルではない。メディア・マーケティングは1つの技術だが、それ以上の存在でもある。消費者にお金を使わせるための広告戦略には、きちんとした科学的な根拠がある。

人間心理に対する深い理解から生まれているのだ。

現在、もっとも広く使われているマーケティング戦略をいくつか紹介しよう。

本当によく使われているので、あなたもほぼ全部で「ああ、あれか」とピンと来るのではないだろうか。

ここで忘れてはならないのは、どの戦略も、とにかくひたすら買わせようとしているということだ。

・ポイントカード

特定の店で一定以上の買い物をすると、ポイントがもらえて現金代わりに使えるという仕組みだ。消費者はポイント欲しさに、いらないものまで買ってしまったりする。

・小売店が発行するクレジットカード

「お申し込みになったその日から、お買い物価格を割引いたします」

これは、カードを発行する側が得をする仕組みだ。調査によると、クレジットカードを持っていると、買い物の額は2倍に増えるという。[8] それに店側は、あなたが買った商品や買い物の傾向といったデータまで手に入れることができる。

・「残りわずか！」

消費者に「今買わなければ」という気にさせる戦略だ。

「タイムセール実施中！」「セット販売は今だけ！」「残席わずか！」といったあおり文句で、今すぐ決断させようとする。そしてたいていの場合、消費者は間違った決断を下してしまうのだ。

・セール価格の値札

大手小売りチェーンJ・C・ペニーのCEOが解雇されたのは、セール価格の書かれた値札を売り場から撤廃したからだ。そのCEOは、セールの時期だけ値引きするよりも、普段からできるかぎり安く売ったほうがいいと考えた。消費者もそのほうが、セールの時期に慌てることなく、いつも落ち着いて安い値段で買える。

しかし残念ながら、その戦略は大失敗だった。売上げががた落ちしたのだ。なぜそうなってしまったのか?

調査の結果、まったく同じ商品がまったく同じ値段で売られていても、消費者はただ値札に値段が書いてある商品より、「セール品　◯割引」と書かれている商品のほうを買うということが判明した。

そもそもたいていの消費者は、商品の正しい価格がわかっていない。だから元の値段を高く設定しておけば、それを「セール価格」に下げるだけで、消費者にお買い得だと信じ込ませることができる。

しかし本当は、お得でも何でもないのかもしれない。[9]

・おとりの価格設定

レストランでは、法外に高いメニューを1つか2つぐらい用意している。そのメニューを注文する客はめったにいないが、それでもかまわない。高すぎる商品があると、それ以外の商品が手ごろな値段に思えて買いやすくなるからだ。

たとえば家電量販店は、ある商品(たとえば大型テレビ)に高額の値段をつけ、その近くにある似たような商品を売ろうとする。

・客寄せの特売品

スーパーがよく使う手だ（もちろん他の店も使っているが）。特売品をチラシに載せて、とにかく客に店まで来てもらう。たしかに特売品ではわずかな損失が出るが、たいていの客は特売品以外にも買って帰るので、損失分は十分に埋められる。

・サンプル配布

スーパーに行くと、よく試食品を配っている。買い物客は新商品の味を試せるチャンスであり、店のほうは売りたい商品を買ってもらうチャンスだ。

しかし、店の狙いはそれだけではない。人間の脳は、何かを食べるたびに「今は食べる時間だ」と判断し、本能的に食べ物を探そうとする。

ある調査によると、試食品を食べた人の40パーセントが、買うつもりのなかった食料品を買っていたという[10]。たとえ試食の商品は買わなくても、他の買い物で店の戦略にまんまとはまっているのかもしれない。

・商品の配置や店の立地

スーパーの商品の配置には決まったパターンがある。野菜、乳製品、肉、パンなど、よく買うものを両端に置き、客が店内をすべて回るようになっている。そうすれば、より多くの商品が客の目に触れることになるからだ。

それは誰でも知っているが、ショッピングモールの戦略はもっと巧妙だ。わざと客が方向感覚を失うように設計し、店内をぐるぐる回って結果的にたくさん買ってしまうのを狙っている。

または、アウトレットモールが大都市の郊外にある理由を知っているだろうか？　客にとっては「小旅行」なので、店にいる時間が長くなり、お金もたくさん落とすからだ。どんな店にも、客にある種の行動を促すような、構造上の工夫がある。

以上にあげた例は、全体のほんの一部にすぎない。

消費者に必要以上に買わせるための戦略は、他にもまだまだたくさんある。たとえば、小売店がよくやる買わせるための戦略を考えてみよう。私たちは毎日、そんな攻撃にさらされているのだ。敵の手口を知れば、だまされる前に気づくことができる。

それに加えて、自分自身の弱点を知っておくことも大切だ。

あなたはどんなとき、いらないものまで買ってしまう傾向があるだろう？　何か決まったきっかけはあるだろうか？　見たら無条件に買ってしまう商品は？　それともバーゲンやセールがあると買わずにいられなくなる？　または、孤独や悲しみといった特定の感情がきっかけになって、何も考えずに買うモードに入ってしまうことは？

私たちは高度な消費社会に暮らしている。そのからくりを見抜けるように、自分を鍛えなければならない。それを見抜ければ、消費の誘惑に打ち勝つことができるだろう。

ものを買わないことで得られる自由

マーゴット・スターバックというジャーナリストから電話でインタビューを受けた。内容は、消費、子育て、ホリデーシーズンの贈り物の習慣、慈善活動などだ。

45分ほどのインタビューが終わって電話を切ったとき、彼女と話すのはこれが最後だろうと考えた。当時の私は、この会話が電話の相手にどんな影響を与えたのか、まったくわかっていなかったのだ。

インタビューのわずか数日後、マーゴットからメールが来た。疑問点などの確認だろうと思ったら、そうではなかった。彼女自身に起こった変化について報告してくれたのだ。私との短い会話をきっかけに、ものを所有することに対する考え方が一変したという。

彼女はこんなことを書いていた。

「ジョシュア、先週はお話しできてとても楽しかったです。あれ以来、私は家にあるものを1000個も処分しました（恐ろしいほど簡単だったわ！）」

10代の子供たちにも協力してもらいながら、マーゴットはノースカロライナ州ダーラムにある自宅の部屋を一つひとつ見て回り、いらないものを処分していった。そうやって集まった数え切れないほどのバッグや、何箱にもなった家庭用品は、地元のチャリティに寄付した。

たった数日間で。1000個以上も処分したのだ。

この話を聞いて、私は嬉しくなった。そしてマーゴットに、この先ミニマリズム生活で何か進展があったら、ぜひ伝えてほしいと返信をした。

最初の会話から3カ月後、またマーゴットからメールが来た。

今度は地元のショッピングモールにいるときにメールを出したようだ。

ランチの約束でモールに来たのだが、少し早く着いたので、慣れ親しんだ店内を歩き回って時間をつぶしていた。そのときの彼女はすでにミニマリストになっていたので、店内にあふれるものたちを以前とは違った気持ちで眺めていたという。

宝石店のジュエリー、ノードストロムのブーツ、それにシアーズの白いデニムジャケット。以前ならマーゴットなら、欲しくなるようなものばかりだ。しかし、彼女は言う。

「ジョシュア、たぶん生まれて初めてだと思うのだけど、モールに来ても欲しいものが

1つもなかったの。むしろ、もう十分に持っているから、何も買わなくていいんだって考えていたの。あれはすばらしい解放感だったわ」

これは、所有しなければという強迫観念からの解放だ。消費文化に迎合することからの解放だ。

ミニマリストになると、必要ないものを見たときに、「これはいらないものなんだ！」と感じる解放感を味わうことができる。

そして、本当に大切なものを追求する自由を手に入れることができる。

この解放感を手に入れるには、まず私たちが暮らす消費社会の実態を知り、その罠にはまらないようにしなければならない。しかし、敵は外側だけにいるのではない。自分の内面を見つめ、弱点を知ることも大切だ。

第5章 自分の中にある「欲しい」という気持ちを探る

ある日の宵の口、アンソニーとエイミーのオンガロ夫妻はリビングで話をしていた。話題はお金のことで、話すほどに不満が大きくなっていく。親族から旅行に誘われ、2人ともぜひ行きたいと思っているのだが、どうしてもお金が足りない。2人はいつもこうだった。何かチャンスがあっても、いつもお金が足りないためにあきらめている。

「私たちはなぜいつもこうなのかしら。数百ドル以上かかる行事はあきらめなければならないなんて納得いかないわ」と、エイミーは言った。

「わかるよ」とアンソニーは答えた。

「2人ともそれなりに稼いでいるのにね。収入はある。問題は、それがどこに消えているのかということだ」

ちょうどそのとき、玄関のチャイムがなった。アンソニーがドアを開けると、アマゾンから荷物が届いたようだった。

アンソニーの顔が輝いた。きっとこの前注文した「割れないスマホカバー」に違いない。それとももしかしたら、モバイル充電器のほうだろうか？

アンソニーはワクワクしながら、エイミーの目の前で荷物を開けた。すると思った通り、中身はスマホカバーだった。

アンソニーは新しく手に入れたものの点検に夢中になり、エイミーがじっと押し黙っていることに気づかなかった。エイミーは考えていた。理由がわかったのだ。

エイミーはついに口を開いた。

「もしかしたら、私たちが旅行に行けないのはそれが理由なんじゃない？」

「どういうこと？　このスマホカバーが？　エイミー、こんなものはたったの35ドルだよ」

「いいえ、それだけじゃないの。ネットで買っているすべてのものがそうなのよ」

「たしかに僕はネット通販が好きだけど」と、アンソニーも認めた。

2人はそこでお茶を淹れると、アマゾンのサイトでここ4年間の注文履歴を調べてみた。すると、2人合わせて1万ドル以上も使っている。個別に見れば、ほとんどが40ドル以下の商品だ。どれも特別に欲しかったものではない。買ったことをすっかり忘れていたものもたくさんあった。

アマゾンの注文履歴を見て愕然としたことが、オンガロ夫妻にとって自分を知る大きなきっかけになった。共働きで子供のいない夫婦が、やりたいことがあってもお金が足りないためにあきらめていたのは、つまらないものに散財していたからだ。

2人とも、数日おきにネットで何かしら買っていた。

一つひとつの金額はたいしたことがなく、それに買い物をすると、ドーパミンが分泌されてその瞬間は気分がよくなる。しかし、今の2人は、塵も積もれば山となるということを痛いほど実感していた。

私たちもまた、オンガロ夫妻のように自分を知る必要がある。少ないもので豊かに暮らしたいなら、自分の内面を見つめ、自分の買い物の傾向を分析しなければならない。

前の章では、消費社会の罠について見た。広告の戦略や消費をもてはやす文化が、私たちの買い物の傾向に影響を与えている。たしかに世間のプレッシャーは大きい。

しかし、外側の影響のせいだけにしているようでは、自己分析はまだまだ不十分だ。

残念ながら、外側の責任よりも、むしろ自分の責任のほうが大きいのだ。

私たちが買うのは、誰かにムリヤリ買わされたからではない。買いすぎるのも、ものをため込みすぎるのも、すべて自分で決めたことだ。

そこに異論はないだろうか?

買いすぎてしまう理由はいろいろあるだろう。

オンガロ夫妻のように、一瞬の快楽のために買っているのかもしれない。

この章では、それ以外の動機についても見ていこう。たとえば、安心、受容、満足といった、人間の本能的な欲求を満たすために買っているという人もいるかもしれない。

しかし、ここで私が言いたいのは、どんな理由であれ、その理由には致命的な穴があるということだ。あなたがものを所有することで満たそうとしている欲求は、実はものを所有することでは決して満たされない。

どんなにものがあっても満足できず、だまされたような気分になるのはそのためだ。

自分がいらないものまで買ってしまう理由がわかったら、ものが持つ魔力は消えてしまう。あなたはミニマリズムを通して本当の幸せを見つけ、自分にとっていちばん大切なものを追求することができる。

ただしその前に、まずは自分の内面を見つめるところから始めよう。

私たちはなぜものをため込むのか

私は第3章で、ミニマリズム生活を始めると、人生の目標がはっきり見えてくると言った。自分の内なる動機を探ることも、同じように自分についてもっとよく知る手段になる。いらないものを処分していく過程で、自分自身を見つめ直すことにもなるだろう。

妻と私は、家の中にある不要品を集めると、その大部分を地元のチャリティに寄付した。最初にミニバンいっぱいの不要品を寄付したときは、とてもいい気分だった。2回目も、3回目もいい気分だった。

ものが減るたびに、気持ちが軽くなり、自由になった（不要品を寄付することについては、また後で詳しく見ていこう）。

しかし、ミニバンいっぱいの不要品を寄付するのが4回目ともなると、さすがにある重大な疑問から目をそらすことができなくなった。「なぜわが家は、ミニバン4台分もの不要品を持っていたのだろう？」という疑問だ。

「そもそもなぜそんなものを買ったのか？　いったい何を考えていたのだろう？」

そしてついに、私はこう考えるようになった。

「おそらく私は、自分で思っているよりも物欲が強いのだろう。消費文化の罠にもはまりやすいのだろう。口では違うと言っていても、実はものを持つことで幸せになれると思っていたのかもしれない。もしかしたら、私は今までいろいろな嘘を信じていたのかもしれない」

これは、難しい質問に対する、認めたくない答えだ。

誰も自分のこんな一面を知りたくはないだろう。私自身も、不要品の処分をしなければ、本当の自分と向き合うことはなかったはずだ。

ミニマリズムが自己発見につながるのもそのためだ。家からガラクタを取り除くと、本当の自分が見えてくる。そして本当の自分を知ると、本当に大切なものを追求することができるようになる。

私たちはなぜ、ものを集めるのか。

まずはよくある動機の1つである「安心を求める気持ち」について見ていこう。

安心は、人間にとって根源的な3つの欲求の1つであり、間違った方法で安心を手に入れようとすると、ものを集めすぎることにつながる。

安心と快適を混同してものを集める誤り

自分にこう尋ねてみよう。

「私がものを買いすぎるのは、もので自分の身を守ろうとしているからだろうか？　ものをたくさん持っていれば、気まぐれな世界に振り回されないと信じているからだろうか？　もしそうなら、そのためにどんな代償を払っているだろう？」

私たちの社会では、あまりにも多くの人が、ものをたくさん所有していれば安心できると信じている。もちろん、この考え方もある程度までは当たっている。

食料と水、衣類、住む家は、生きるために必要だ。しかし、生きるために本当に必要なものはそれほど多くない。

実際のところ、ほとんどの人がすでに持っているものばかりだ。

私たちは、「必要なもの」と「欲しいもの」の区別がつかず、「安心」と「快適」を混同している。その結果、安心のためという理由でものを山のようにため込むことになるのだが、本当は快適のため、または快楽のためにため込んでいるのだ。

私たちは、これらのものを買うために汗水たらして働いている。そして、買い込んだものをしまうために、さらに大きな家を買う。

将来はもっとたくさん稼いで、貯金を増やしたいと夢を見る。お金がたくさんあれば安心できると信じているからだ。そのせいで人生の他の分野、たとえば家族や友情が犠牲になっても、それは仕方のないことだと考える。安心を手に入れるのはとても大切なことなので、さらに多くのものやお金を追い求める生き方を変えることはできない。

ある日のこと、私はある女性から1通のメールを受け取った。胸が締めつけられるような内容だった。

私はワーキングマザーで、幼い息子が3人います。共働きをやめても5人家族で暮らしていく方法を知りたいと思い、ネットで検索したときに、あなたのサイトを見つけました。

夫と私はここ15年の間、キャリアのために身を粉にして働いてきました。その過程で、たしかにものもたくさん買いました。もともとはそんなに物質主義ではなかったんです。でも長年の間に、今のライフスタイルが染みついてしまいました。大きな家を買い、湖畔に小さな別荘も持っています。

2週間前、私たち夫婦は、8歳の息子が友達と話しているのを聞いてしまいました。「ママとパパはあんまり家にいないんだ。だからあんまり会えないんだよ」と、息子は言っていたのです。

夫も私も、愕然として立ち止まってしまいました。胸が張り裂ける思いでした。家やものに、本当にそこまでの価値はあるのでしょうか？　もちろんありません。

そこで私たちは、「方法」を考えることにしました。まずは予算の確認です。湖畔の別荘は賃貸に出し、夫は仕事を辞めて専業主夫になる予定です。この生活を実現させるために、何かアドバイスがありましたらよろしくお願いいたします。


この女性と、彼女の夫は、もっと働かなければならないと思い込んでいた。もっとお金が「必要」で、もっとものが「必要」だと感じていた。たくさん働いてたくさん稼がなければ、家族が安心して暮らしていけないと本気で信じていた。

しかし息子の言葉を聞いて、家族が本当に必要としていたものを与えていなかったことに気づいたのだ。

所有するだけでは得られない本当の安心

人の命ははかなくて、世界は危険で満ちている。私たちが安心を求めるのも当然だろう。しかし、形あるものをいくら集めても、永遠に続く安心は手に入らない。人生は不測の事態で満ちている。そして所有物には、私たちを守ってくれるような力はない。その結果、私たちはさらに多くのものを欲しがるようになる。どんなにものを集めても、完全な安心感は手に入らない。

私たちはどうしたらいいのだろう？　安心を求めるのは人間の本能だ。答えは意外なところにある。「もっと多くのもの」を追い求める過程で、いつも犠牲になってきたものが、私たちが求める安心を与えてくれるだろう。

それは、人と人とのつながりだ。

イェール大学心理学教授のマーガレット・クラークによると、人間は所有物と、人との絆の両方から安心感を得ることができるが、２つのバランスは簡単に崩れるという。クラークの言葉を引用しよう。

人間は社会的な生き物であり、1人では生きていけない弱い存在だ。親密な関係を持つことで、自分の身を守っている。たとえば幼い子供は、他の大人がいなければ生き残れない。一方で物質的な所有物も、同じように安心と防御を提供してくれる。人間が生き残るには、食料、衣服、住む家が必要だ。つまり、安心感を得るには、さまざまなものが必要だということだ。しかし、どれか1つに関心が偏ると、他のものがおろそかになる。

クラーク博士は、同僚たちと共同で2つの研究を行い、以上のようなことを発見した。その研究によると、個人的な人間関係で内的な安心感がない人は、物質的な所有物により大きな価値を認めるようになるという。

私の見たところ、その逆のこともいえるようだ。物質的な所有物を過大評価する人は、人間関係を過小評価し、ないがしろにする傾向がある。

自分がものに執着する理由の1つは、ものが与えてくれる安心感を求めているからだ。そう判断した人は、今度から買うものも所有するものも減らし、身の回りの人との関係を大切にしてみよう。

家族や友人との豊かな関係は、喜びだけでなく、見守られているという安心感も与えてくれる。そしてあなた自身も、周りの人に安心感と満足感を提供しているのだ。

ものを集めて砦を築くより、ずっと生産的だ。

安心感が欲しいなら、お金と所有物を過大評価するのはもう終わりにしよう。

お金も所有物も、絶対に安心感をもたらしてくれない。所有物を最小限まで減らせば、本物の安心感を見つける余裕が生まれる。

所有物に執着する理由の1つが安心感だとするなら、もう1つの理由は、社会的に認められることだ。

人の価値は所有物では決まらない

妻のキムと私は、子供たちは眼鏡が必要だと確信していた。息子のセーレムも娘のアレクサも、デジタル時計や小さな文字を見るときに、いつも目を細めるからだ。

そこで先日、2人を眼科へ連れていき、眼鏡を処方してもらった。

ここで興味深いのは、子供たちの眼鏡に対する反応だ。

小学生のアレクサは、紫色のフレームを選んだ。眼鏡をかけるのが楽しいようだった。学校の友達に、眼鏡を「かわいい」と言ってもらえて喜んでいた。

しかし、思春期に入りかけているセーレムは違ったようだ。

家にいて、周りに家族しかいないときは、何も気にすることなく眼鏡をかけている。

パソコンの画面も、本の文字も、眼鏡をかけたほうがよく見える。それにわざわざ立ち上がって近くに行かなくても、オーブンの上にある時計を読むことができた。ところが友達と一緒にいるときは、眼鏡をかけるのを嫌がり、絶対に必要なときしかかけない。ああ、子供はいつの時代も変わらない。私もセーレムぐらいの年のころは、同じように自意識過剰になっていたものだ。

しかし、人目を気にしすぎるのは若い子だけだと言えたらどんなにいいか。実際は、人は年を取っても人目が気になるし、恥をかくかもしれない状況を恐れる。

ただ、恥をかく原因が変わるだけだ。

大人が恥ずかしいと思うのは、たいてい周りの人が持っているものを持っていないとき か、周りから「いいもの」と認められるものを持っていないときだ。

問題はもう眼鏡だけではない。車、家、旅行。大人が買うもの、または買いたいと思うものは、他にもまだまだたくさんある。

私が言いたいのは、この「恥ずかしい」という感覚は、私たちの考える「普通」の基準から生まれているということだ。普通であることを恥ずかしいと思う人はいない。

自分が普通からずれていると感じるときに、人は恥ずかしいと思う。

とはいえ、何をもって普通とするかは、完全に主観的な判断だ。たいていは自分が属する社会階層が判断の基準になっている。着るものなどがいい例だろう。

おそらくあなたも、友達のほとんどと同じような服装をしているのではないだろうか。みんなファッションの趣味が同じというわけではないが、一般的に、一緒にいる人は、持っている服の数も質もだいたい似ている。買い物をする店もだいたい同じで、服のサイズもだいたい同じ。それに、1着あたりの値段もだいたい同じだ。

なぜそうなるのだろう？

たいていの人は、自分と似たような人とより多くの時間を一緒にすごすからだ。彼らと一緒にいると、居心地がよくて安心できる。

しかし、いつもの仲間から離れると、普段なら気にもとめないようなことが急に気になってくる。

自分より社会階層が高い人が集まるパーティに行ったと想像してみよう。

彼らは高級なドレスやタキシードを着ている。あなたは自分の着ているものが急に恥ずかしくなった。普段はまったく気にしていなかったのに、色があせている、くたびれている、ほつれがある、サイズが合っていない、周りと比べて安物だなど、欠点ばかりが目についてくる。

いつもと同じ服を着ているのに、なぜ急に恥ずかしくなったのか。それは、周りに影響されて、普通の基準が大きく変わったからだ。

こういった反応はよくあることだ。

その反応をきっかけに、「普通」の基準はかなり恣意的だということに気づかなければならない。それに、自分が必要以上にものを買ってしまうのは、周りに認められたい、恥をかきたくない、「普通」だと思われたいという気持ちが原因になっているということも理解する必要がある。

私たちの暮らす社会では、見栄を張ること、物欲を満たすこと、私利私欲に走ることが普通の状態になっている。

私たちが「恥ずかしい」と思うのは、それらの分野で周りに後れを取ったときだ。

去年流行した服を着ていたら恥ずかしくなり、お隣よりも安い車に乗っていたら恥ずかしくなり、家に呼んだ人が自分より大きな家に住んでいたら恥ずかしくなる。カーペットがすり切れそうになっていることを謝り、旧式のキッチンを使っている言い訳をして、まだリフォームしていない理由を説明する。

こういった「恥ずかしさ」は、すべて間違った感情だ。

世間の「普通」と違うからといって、恥ずかしいと思う必要はまったくない。

着ている服のブランドを恥ずかしいと思うのではなく、クローゼットが大きすぎることを恥ずかしいと思ったらどうだろう?

乗っている車の種類を恥ずかしいと思うのではなく、車を所有するという贅沢を当たり前だと考えていることを、恥ずかしいと思ったらどうだろう?

自宅が小さすぎることを恥ずかしいと思うのではなく、家の中に無駄なスペースがたくさんあることを恥ずかしいと思ったらどうだろう？

所有物の質や量を恥ずかしいと思うのではなく、ただ物欲を満たすためにお金を使いすぎることを恥ずかしいと思ったらどうだろう？

むしろ過剰な消費のほうが恥ずかしいとしたら？　節度を持って暮らし、慈善の精神を持つことが、新しい「普通」になったとしたら？

そうなったら、私たちも「普通」であることにもっと誇りを持てるようになるだろう。あなたはどうだろう。周りから認められたい一心で、ものを買いすぎていないだろうか？　周りに認められること、普通とされることの基準を変えれば、もう変な羞恥心は持たなくなる。そして、世界にもっといい影響を与えられるようになるだろう。

本当の満足感は物欲を手放すと見えてくる

これまで見たように、安心が欲しい、周りに認められたいと思うのは人間の本能だが、無駄にものを集めすぎる大きな原因にもなっている。

この2つに加えて、満足感を求める本能も大きな原因の1つだ。人は誰でも、自分は成功者だと思いたいものだ。欲しいものをすべて手に入れ、満足感を味わいたい。

「自分はついにやったんだ」と実感したいのだ。

人間はさまざまな分野で「自分は成功した」という満足感を得ようとする。

しかし、高給取りになることを目指した人は、たとえ達成しても、一度昇給が見送られただけでがっかりしてしまう。大きな家を持つことで満足感を手に入れた人も、リフォームや修繕が必要になるたびに、満足感が逃げていってしまう。デパートでの買い物で満足感を手に入れようとする人は、いつもあの商品さえ手に入れば心から満足できると信じているが、いざそれを買って家に帰ると、やはりまだ何か足りないという気持ちに襲われる。

これではまるで、満足感は近づくたびに遠ざかっていく目的地のようだ。

物質的な豊かさで満足感を得ようとしているかぎり、絶対に心から満足することはない。もしかしたら私たちは、ずっと間違った場所で満足感を探していたのだろうか？

もしかしたら本物の満足感は、今まで探していた場所とは正反対の場所にあるのかもしれない。自分のために物欲を満たすことではなく、人のためになることが、満足感のカギなのかもしれない。

たしかに、必要なものが少なくなるほど、人に与えられるものは多くなるだろう。

しかし、その逆もまた本当だとしたら？　つまり、多くを与えるほど、必要なものが少なくなり、満足感が手に入るとしたら？

自分のものを与える人は、手元に残ったものをより大切にする。自分の時間を与える人は、残った時間をより有効に使える。そして自分のお金を寄付する人は、手元に残ったお金を無駄づかいしない。

人のために行動し、自分のお金やものや時間を与えると（この「与える」ということについては、第11章でさらに詳しく見ていこう）、むしろ満足感は大きくなる。

与えることで、自分が持っているものにより感謝できるようになる。ありのままの自分を認め、与えられるものがあってありがたいと思えるようになる。

与える人は、そんなにお金やものを欲しがらない。ものをため込まなくても、他の方法で心が満たされているからだ。

彼らは、すでに持っているもので満足し、必要ないものは他人に与える。本当の満足感を手に入れる秘密を知っている。そしてその秘密は、意外なほどすぐ近くにある。

間違った方法で満足感を求め、ものをため込む結果になってしまったという人は、これからは自分の態度は自分で決めるようにしよう。

「あれが手に入ったら、幸せになれるのに」という考え方は、もう捨てることだ。ものを手に入れることと、幸せはまったく関係ない。

「自分は幸せだ」と信じれば、その瞬間から誰でも幸せになれる。おそらくこれは、人生でもっとも大切な教えの1つだろう。

キムと私がミニマリストになると決めた理由はいろいろある。

2人ともガラクタの山にうんざりしていた。ため込んだものの整理に時間が奪われていると感じていた。家計も苦しかった。ものがたくさんあっても、特に喜びはない。

そこで私たちは、物質的な所有物ではなく、もっと他のものに価値を見出そうと決めたのだ。私たち夫婦も、家の中からものを減らし、不要なものを処分すると、人に何かを与えることが自然にできるようになった。私たちにとっては不要なものでも、それを必要としている人はすぐに見つかる。

与えるという行為は、ものをため込むという行為よりもずっと心が満たされる。

キムも私も、ミニマリストになったことで物質主義への考え方が一変した。

もうこれ以上、ものはいらない。私たちがもっと欲しいのは、与えることで得られる満足感のほうだ。

そしてわが家には、「満足感」という新しい住人が増えた。

ものを買う動機を知ると物欲から解放される

安心したい、「普通」の仲間入りをしたい、「自分は成功した」という満足感が欲しい。これらはすべて、人間にとって自然な感情だ。

そう思うこと自体が悪いわけではない。ただし、お金をたくさん稼ぎ、ものをたくさん買うことでこれらの欲求を満たそうとすると、ほぼ確実に失望することになる。

そして、安心、周りに認められること、満足感の他にも、ものの買いすぎにつながる隠れた動機がある。

ものを減らすほど、自分の中にあった不健全な動機がまた新しく見つかるだろう。難しい作業かもしれないが、これは避けて通ることはできない道だ。

たとえば、何かの劣等感を埋めるために、必要以上にものを買う人もいるだろう。友達や知り合いに嫉妬して、彼らと張り合うために買う人もいる。そして、私たちのほぼ全員が利己的だ。

とはいえ、私の経験からいうと、やはりいちばん大きな動機は、安心、承認、満足を求める気持ちだろう。

私たちは、自分がものを買う動機を知る必要がある。それがわからないと、物質主義の呪縛から解放され、本当の幸せを手に入れることはできないからだ。

くり返すが、安心、承認、満足感を求めること自体が悪いと言っているのではない。ただ、ものを買うだけでは、それらの欲求は満たされないと言っているだけだ。

そこで、もっと別の角度から欲求を満たす方法を考えてみよう。

・安心するためにたくさんものを買うのではなく、愛のある人間関係で安心感を手に入れる。
・周りと同じものを持つことで周りに認められようとするのではなく、自分なりの成功の基準を決める。
・ものを際限なく増やすことで満足感を手に入れようとするのではなく、今あるものに感謝し、いらないものを与えていれば、満足感は自然に手に入る。

自分の心をコントロールする戦いに終わりはない。長い間ミニマリズムを実践していても、物質主義から完全に解放されることはない。

物欲がむくむくとわき上がってきたら、それをきっかけに自分の中にある隠れた動機を探ってみよう。そして、その動機を軌道修正して、お金やものでは絶対に手に入らない本物の幸せを見つけよう。

ここまで来れば、もうミニマリストになる準備は万端だ。

次からは、ミニマリズムを実践する具体的な方法を見ていこう。

あなたの家も、きっと見違えるようになるはずだ。家の中からいらないものが消えると、人生に新しい可能性が生まれるだろう。

次の第6章からの内容を、ざっと紹介しておこう。

・簡単にミニマリズムを始める方法（第6章）
・執着が大きいものを処分する方法（第7章）
・すっきりした状態を維持する方法（第8章）

次の章からは、ぜひ読みながら実践していってもらいたい。

1章読んだら、いらないものを処分する。もう1章読んだら、さらにいらないものを処分する。

まだミニマリズムの楽しさを経験していないのなら、今すぐに始めよう。

第6章

簡単なところからものを手放していく

ミニマリズムに興味を持ったばかりの人は、たいていミニマリズムとはものを捨てることだと考えている。そしてこんな反論をするのだ。

「思い出の品や家族の宝はどうするんだ?」

「本を捨てるなんてありえない」

「子供のおもちゃまで捨てるの?」

「趣味の手芸の道具は捨てられないわ」

「夫が反対するに決まっている。夫のものはどうすればいいの?」

どれも違うことを言っているように見えるかもしれないが、共通点もある。その共通点こそが、人々がミニマリズムを始める前につまずいてしまう原因だ。

先ほどの反論をもう一度じっくり読んでみよう。

すべてに共通しているのは、「いちばん捨てるのが難しいもの」という点だ。それが思い出の品でも、本でも、子供のおもちゃでも、趣味の道具でも、または家族の所有物でも、本人にとってはミニマリズムを実践するうえでいちばんの難所ということになる。

彼らの気持ちはよくわかる。しかし私に言わせれば、彼らは「できない」ことばかり考えて、「できる」ことが見えていない。もっといい方法があるはずだ。

私はそういう反論には、いつも同じように答えている。

「捨てられないものから始めなくていいんですよ。まず簡単なところから始めましょう。とにかく始めればいいんです」

そしてあなたにも、これと同じ言葉を贈りたい。

とりあえず今のところは、捨てられないもののことは考えなくてかまわない。まずはいちばん簡単なところから始めよう。車の中、引き出しの中、リビング、洗面所の戸棚などを片づけて勢いをつける。小さな場所だけでもすっきりすれば、ものの少ない生活の快適さが実感できるはずだ。

そうやって片づけるうちに、いちばん難しい場所に挑戦するスキルが身についていく。そして家の中だけでなく、人生の難問もすっきり片づいているだろう。

どうしても捨てられないものの問題は、後の章で詳しく見てく。今のところは、まず小さな一歩から始めてもらいたい。前にも述べたように、ミニマリズムの定義や方法は人それぞれだ。それでも、誰でも便利に使える共通の方法もある。

その方法を使って最初の一歩を踏み出してみよう。とても簡単な方法なので、今すぐにでも始めたいという気持ちになるはずだ。

なぜより少ない生き方を目指すのか考える

まずは、ミニマリズムのおさらいから始めよう。

ミニマリズムの定義は、「いちばん大切にしているものを最優先にして、その障害になるものはすべて排除すること」だった。

当面の目標はガラクタを処分することだが、究極の目標は、身の回りをすっきりさせて、人生でいちばん大切な目標を達成することだ。

そこで、最初の小さな一歩を紹介しよう。

まだ何も手をつけていない段階で、自分がミニマリストを目指す理由をじっくり考えるのだ。ここは時間をかけてかまわない。理由はたくさんあるだろう。どれもあなただけの理由であり、あなただけの目的や価値観を反映しているはずだ。

今の段階では、すべての目標を具体的にリストにする必要はない。第3章でも述べたように、目標があるおかげでミニマリズムがはかどり、そしてミニマリズムが進むおかげで目標がよりはっきりしていく。これは終わりのない発見のプロセスだ。

とりあえずは、今の段階でわかっている理由を並べてみよう。

あなたはなぜ、家の中からものを減らしたいと思ったのか？　理由が決まったら、それを紙に書いて見えるところに貼っておく。いくつか例をあげよう。

・借金を完済し、老後の貯金を始めたい。
・慌ただしい毎日から抜け出したい。
・両親が年を取ったときに助けになりたい。
・世界のすべての大陸の山に登りたい。
・ハイチの病院で1年間ボランティアとして働きたい。
・小さなマンションに引っ越したい。
・子供のスポーツチームのコーチをする時間が欲しい。
・音楽を教える仕事を辞めて、室内オーケストラに入りたい。
・家の片づけから解放されて、夜は家族とのんびりすごしたい。

・いつでも人が呼べるような家にしたい。

目標を紙に書いたら、よく見える場所に貼っておこう。

ミニマリズムを続けていると、気持ちがくじけそうになることもある。そんなときに目標を見れば、再びモチベーションを上げることができるだろう。目標を貼っておかなかったら、不要品を箱に詰めてチャリティに持っていく理由を忘れてしまうかもしれないし、食器棚をネットオークションに出すのが面倒になってしまうかもしれない。

家と人生のミニマリズムを始める前に、このライフスタイルは努力して手に入れる価値があるということを、自分に納得させなければならない。

紙に書いた目標があれば、ミニマリズムを目指そうとしたきっかけをいつでも思い出すことができる。そして、目標を書くだけなのだから、難しいことは1つもない。

もちろん、それはまだ最初に一歩にすぎないけれど。

よく使う場所のいらないものから処分する

目標をリストにして、家の中を見わたしたら、きっとこんな疑問がわいてくる。

いったいどこから手をつければいいのだろうか？

これはそんなに難しい問題ではない。

「80対20の法則」という言葉を聞いたことはあるだろうか？　これはたしかに一般論だが、さまざまな分野に当てはまることが証明されている。

この法則を所有物に当てはめると、「80パーセントの時間は、持っているものの20パーセントだけに使っている」となるだろう。そこで、ほとんど使われない残りの80パーセントものから手をつければいいということになる。

私がおすすめするのは、家の中でよく使う場所から始めるという方法だ。

なかでも特におすすめなのが、リビング、寝室、トイレ、お風呂場、洗面所だ。

一般的に、例にあげたような場所は、キッチン、オフィス、屋根裏に比べて掃除が簡単にできる。しかしそれよりも大切なのは、これらの場所は普段からよく使うので、ミニマリズムの効果がすぐに実感できるということだ。

リビングがすっきりすれば、家族団らんの時間が今よりもずっと楽しくなるだろう。洗面所やトイレがすっきりすれば、朝の身支度がスムーズにできるようになる。ベッドルームがきれいになれば、昼も夜も楽しくすごせる場所になる。いつも使う場所がすっきりすれば、ミニマリズム生活のすばらしさがすぐにわかるだろう。

ここで忘れてはならないのは、今のところはいちばん簡単な戦いを選んでいるということだ。まずは手堅く勝利をあげ、勢いに乗ることを目指す。

だからいちばんよく使う場所を選び、絶対にいらないものを処分しよう。たいていの人は、この最初のステップを数時間で終わりにできるはずだ。まだ難しい決断はしなくてかまわない。ビニールのゴミ袋を持って、なくなってもまったく困らないもの、家の中に置いておきたくないもの、とっくの昔に処分しておくべきだったものをどんどん入れていく。ビニールが一杯になったら、とりあえずそのままどこかに置いておこう。中身の分別は後からでいい。

ただし、これで終わりではない。まだ手をつけていない場所が残っている。

それでも、すでに目に見える効果は現れているだろう。必要なものは揃っているが、不要なものは置いていない家に暮らす気持ちよさを実感しているはずだ。

ここで、私が最初にミニマリズムを実践した場所の話をしよう。

そこはたまたま、外出するときに使う場所だった。

ものの少ない生活の利点はすぐに実感できる

第1章でも述べたように、私がミニマリズムに目覚めたきっかけはガレージの掃除だった。実はその物語には続きがある。

その日の夜、愛車のトヨタ・カローラに乗り、ガレージに戻そうとしたときのことだ。

以前はまったく気にならなかったものが目にとまった。使わないものがたくさんあるのだ。誰もかけないサングラス、誰も聴かないCD、誰も見ない地図。車内をひっくり返していると、ぬいぐるみ、ファストフードのおまけのおもちゃ、携帯用のケチャップ、紙ナプキンの束、子供の本がバックシートから出てきた。運転席のドアの小物入れを開けると、ペン、レシート、コインなどが詰まっている。

多くの意味で、この車は私の人生の縮図だ。ただ家の中と違うのは、車は出かけるときもものがありすぎて、散らかっている。

ずっと一緒だということだ。

私は大きく息をした。そして、つい数時間前に聞いたミニマリズムのことを思い出し、決心した。ミニマリズムを実践するなら、ここから始めるのがいちばんだろう。

私はビニール袋を手に持つと、車の中では絶対に使わないものをどんどん入れていった。そして作業が終わったとき、車の中に残っていたのは、車検証、保険証券、車のマニュアルだけだった。その3つをダッシュボードにしまうと、後はすべてビニール袋に入れて外に出した。袋の中身は後で整理することにした。

あの簡単な車の片づけが、わが家のミニマリズムの始まりだった。片づけが終わるまでに15分もかからなかった。

しかし、効果はすぐに現れた。

翌日の日曜日は早く目を覚ました。

私が働いている教会は家から16キロほどのところにある。日曜日はいつも時間より早く着くようにしていた。私は朝の静けさの中で着替え、朝食をすませ、そして車に向かっていった。

あの日の朝、ガラクタが一掃された車内に乗り込んだときのことは、今でもはっきり覚えている。まるで違う車に乗ったかのようだった。

ただきれいになっただけでなく、空気までが違う。一陣の爽やかな風が吹いたようだ。目に入るガラクタが少なくなると、気持ちが落ち着いて集中できる。そして車内に残っているのは、どれも必要なものばかりだ。運転中もずっと穏やかな気分で、これからの1日に気持ちを集中することができた。

そのとき、私は思った。この落ち着きと集中を、車の中だけでなく、人生のすべてで手に入れたい。ものの少ない生活の利点はすぐに実感できた。あまりにも早くて、あっけないほどだった。

自分なりの基準で順番にものを減らしていく

よく使う場所をきれいにしたら、次の段階に進もう。

本腰を入れてものを減らしていくのだ。1つの場所から順番に片づけていき、最終的には家中の不要品をすべて処分することを目指す。

さて、この段階に入ると、難しい決断を迫られることになる。現実的に考えて、何を残して、何を処分すればいいのだろうか？　どんなものが、人生の価値を高めてくれるのだろう？　そしてどんなものが、人生の価値を下げているのだろう？

ここで大切なのは、最初からすべての答えを出そうとしないことだ。

すぐに家中のミニマリズムを完成させる必要はない。一度に1つの場所に集中することだ。部屋でもいいし、クローゼットでもいい。引き出し1つでもかまわない。

前にも述べたように、いちばん簡単な場所から始めて、だんだんと難しい場所に移っていこう。どうするか判断のつかないものがあったら、とりあえず保留にする。難しい決断については、次の章で詳しく見ていこう。

片づけるときは、ものを3つの山に分ける。

1　取っておくもの
2　家の中の別の場所に移すもの
3　処分するもの

分類がすんだら、「取っておくもの」をあるべき場所に戻す。もし可能なら、目につかない場所に置いたほうがいい。そのほうが気が散らないからだ。

また、ものを棚にしまうときは、いちばんよく使うものをいちばん手前に入れ、あまり使わないものは後ろに入れる（これは私からあなたへの無料の収納アドバイスだ）。

次は「家の中の別の場所に移すもの」だ。

それぞれ家の中のあるべき場所に持っていく。たとえば、廊下に転がっていたおもちゃなら、おもちゃ箱にしまう。子供の服が椅子の背にぶら下がっているなら、たぶん洗濯カゴに入れたほうがいいだろう。そして、それは子供に自分でやらせるべきだ。

そして最後に、「処分するもの」の山を、さらに「寄付するもの」「売るもの」「リサイクルに出すもの」「捨てるもの」の4つの山に分類する。

処分するものの山をいつまでも放っておいてはいけない。すぐに面倒になり、また以前の散らかった部屋に逆戻りしてしまうからだ。

どんな場所を片づけるときも、すべてのものを実際に手に取ることが大切だ。

プロの片づけアドバイザーも、きっと同じことを言うだろう。自分の手に持つことで、決断が促されるからだ。ただ見るだけでは、きっとそのまま放っておいてしまうだけだ。

家の中にあるもの全部を実際に手に取るなんて、考えただけでうんざりするだろうか？　もしそうなら、まことに言いにくいのだが、あなたの家にはものがありすぎるということだ。その事実をモチベーションにして、どんどん決断していこう。

ものを買ったときは、「これはうちに必要だ」と判断する力があったのだろう。だからここでもう一度力をふりしぼり、本当に必要かどうか判断してもらいたい。

この作業を進めていくと、自分なりの判断の基準が必要になってくる。わが家の場合は、ミニマリズムの初期段階で、「不要品」と判断する基準を次のように決めた。

①狭い場所にたくさんものがありすぎる
②もう使わないもの、もう好きでなくなったもの
③あると散らかった感じになるもの

この基準は自由に使ってもらってかまわない。または、もっと自分の状況に合った基準を考えてもいいだろう。

たとえば、有名なミニマリストのジョシュア・フィールズ・ミルバーンにとっての不要品は、「自分の人生に価値を加えないもの」だという。[1]片づけコンサルタントの近藤麻理恵にとっては、「ときめき」を感じないものが不要品だ。[2]生活オーガナイザーのピーター・ウォルシュの場合はもっと大胆で、「理想の人生のじゃまをするものはすべ

て不要品だ」と言っている。[3]そしてデザイナーで、美しい暮らしを提唱するウィリアム・モリスは、「家の中にあっていいのは、役に立つものと、美しいものだけだ」という有名な言葉を残している。[4]

あなたも自分に合った「ガラクタの基準」を見つけよう。

そして、その基準で「いらない」と判断したものはすべて処分する。

不要品の処分が簡単にできる場所もある。

たとえば、使わないものがたくさん置いてある車の中。劣化して固くなった輪ゴム、使い終わった乾電池、もう使わないカギなどがゴチャゴチャ詰まっている引き出し。わけのわからないものが詰め込んである洗面台。着ない服でパンパンになったクローゼット。もういらない賞状やトロフィーが並んだ棚。こういった場所なら、何も考えずにどんどん処分できる。

その一方で、もっと時間と頭を使わなければならない場所もある。

ガレージや倉庫などの大がかりな場所。キッチンやオフィスなど、ある機能に特化した場所。年月とともにたまっていった思い出の品。手芸の材料や道具、調理器具、スポーツ用具、CDなど、大好きな趣味に関連したもの。それに、家族の共有スペースを侵食している個人のもの。

こういった難所については、次の章で詳しく見ていく。とりあえず今のところは、小さくて簡単な場所から片づけていく。この段階では、できるところから始めるのが成功の秘訣だ。小さな勝利を積み重ね、次に生かそう。

ここで1つ警告がある。

これは人生全般にいえることだが、「変わりたい」という気持ちと、実際に「変わる」ことを混同しないように注意しなければならない。ものを減らしたいと思ったり、ミニマリストになろうと思うと話したりしても、それだけでは何の結果にもつながらない。効果を実感するには、実際に不要品を処分するしかないのだ。

口で言うのと、実際に行動するのは違う。

この原則を自分に言い聞かせ、最初の一歩を踏み出そう。

同じようなものは1つだけ残して処分する

何かを捨ててしまったら、後で後悔するのではないかと心配する人はたくさんいる。だから「念のため」といって、何でも取っておくのだ。これが、ものが増えすぎる大きな原因だ。念のために取っておいても、それが役に立つことはほとんどない。

後悔するかもしれないという心配のせいで、捨てる作業が進まないという人は、この方法を試してみよう。2つ以上あるものを、1つだけ残して処分するのだ。

これなら後で必要になっても困らない。

たとえば、タオルで考えてみよう。もちろんタオルは必要だ。でも、所有するタオルの数を減らせば、それだけで生活をかなりシンプルにすることができる。あなたの家には何枚タオルがあるだろう。4人家族なのに、何十枚も持っていないだろうか？

実際のところ、タオルは1人につき2枚で十分だ。2枚あれば、1枚を使い、その間にもう1枚を洗濯できる。1人2枚なんて少なすぎると思うかもしれないが、棚に詰まったタオルを思い浮かべてもらいたい。タオルを減らすだけで、棚の中をすっきりさせることができるのだ。ワクワクしてこないだろうか？

それと同じことを家中でやってみよう。ダブって持っているものがたくさん見つかるはずだ。たいていの人は、「1つ持っていてよかったものは、もっと持っていればさらにいいだろう」と考える。その結果、同じものを何個も持つことになる。

調理用のボウル、ベッドリネン、ペン、鉛筆、へら、クッキングシート、コップ、ハンガー、ジーンズ、靴、コート、クーラーボックス、スーツケース、シャベル、ホース、ハンマー、パソコン……。持ちすぎているもののリストはどこまでも続いていく。なかには家や車までダブって持っている人もいる。

いらないものを処分していくと、やがて信じられないことが起こる。

家の中のどこを見ても、いちばん好きなものしか目に入らないのだ。そうなると、自然と一つひとつのものを大切にするようになるだろう。ものが少ないと、修理や交換が必要なことに気づきやすくなるからだ。

2つ以上あるものの処分が終わると、他にもいらないものが次から次へと見つかるようになる。自分でも気づかないうちに、シンプルな暮らしにどんどん近づくことができるだろう。そして周りの人にも、この暮らしのすばらしさを教えたくなってくる。

ミニマリズムには、人生を変える力があるからだ。

ものを手放して得られた経験を人に伝えよう

子供たちが生まれた日のことは、今でもはっきりと覚えている。

親なら誰でもそうだろう。息子が生まれた日も、娘が生まれた日も、私はすべての親戚と親しい友人に電話をかけ、子供の誕生を伝えた。私の人生は沸き立つような喜びに包まれていたので、その喜びを一刻も早く他の人たちと共有したかった。他の人が喜ぶ声を聞くと、私もさらに嬉しくなった。

あの経験から、私はとても大切なことを学んだ。それは、喜びは共有するためにあるということだ。喜びが本領を発揮するには、他の人も巻き込まなければならない。

喜びを共有するのは、大きな出来事があったときだけではない。小さな出来事でも同じだ。いいレストランを見つけたら、周りにすすめよう。おもしろい本を読んだら、友達にも教えてあげよう。便利な近道を見つけたら、他の人にも教えよう。

嬉しいことや、役に立つ情報を他の人と共有すると、彼らの人生も向上する。彼らもまた、私たちと同じ喜びを経験するからだ。さらには、そんな彼らの喜びを見て、私たちも自分の幸せを再確認できるというおまけもついている。

家の中をシンプルにすると決めたのなら、友人や家族、同僚、近所の人たちなどに、自分の経験を話してみよう。一緒にお茶を飲みながらでもいいし、食事のとき、会社で立ち話をしているときでもいい。

「ものの少ない生活」という新しい冒険について話してみよう。話のきっかけは、こんな言葉がいいかもしれない。

「最近気づいたんだけど、持っているものが少なくなると、むしろ幸せになるみたい。ものを減らしたきっかけはね……」

あなたの話を聞けば、彼らもミニマリズムに興味を持つかもしれない。

たとえ自分ではやろうと思わなくても、あなたの応援はしてくれるだろう。進み具合を尋ねたりして、あなたのやる気を維持してくれる。あなたも、人に話した責任感から、簡単にあきらめたりしないはずだ。それに加えて、人に話すたびに、自分がミニマリズムを始めた理由が再確認できる。

今日からすぐにでも始めよう

今すぐに始められる小さなステップをもう一度おさらいしよう。

・目標を紙に書く。
・よく使う場所で、まず簡単な片づけから始める。
・一部屋ずつ回って、不要品をどんどん集めていく。
・2つ以上あるものは、1つだけ残してあとは処分する。
・周りに話すことで、モチベーションを維持する。

本当に必要なものの量については、まだまだ言いたいことがたくさんある。しかし今のところは、以上の5つのステップだけで十分だろう。

すぐに始められるし、簡単に達成できる。

もちろんこの5つにこだわらず、自分で考えたステップでもかまわない。

とにかくここでは、ものの少ない生活に向けて第一歩を踏み出すことが目標だ。

くり返すが、簡単なところから始めるのが大切だ。

難しいところから始めてはいけない。

それでは、始めよう。ガラクタのない生活に向けて、まずはいちばん簡単なところから手をつける。次の章に進む前に、引き出し1つでも、クローゼット1つでもいいので、とにかくどこかをすっきりさせよう。

最初の一歩は、簡単な一歩でなければならない。

そして、今すぐこの場で始めよう。

第7章 どうしても手放せないものと向き合う

実際にものを減らす作業を始めると、遅かれ早かれ難しい問題にぶつかることになる。これればかりはどうしても避けて通れない。それに、家の中からものが減れば、いずれは最後まで残しておいた難物と向き合わなければならなくなる。

これが、ミニマリズムの大きな関門だ。

この章では、多くの人が「手放せない」と思うものについて見ていこう。

代表的なものは次の通りだ。

・本
・紙類

・ハイテク機器
・思い出の品
・そして残りの2つ（意外なものだが、正しいときがきたら紹介しよう）

ここからは、それぞれのアイテムについて1つずつ考えていこう。
数を減らしたほうがいい理由を説明し、処分するための具体的な方法も伝授する。
身に覚えのあるものもあるだろうし、自分には関係ないと感じるものもあるだろう。
しかし、対象がどんなものであろうと、効果はみな同じだ。
失ったものよりも、得るもののほうがずっと大きくなる。

1つの夢の終わりは、もう1つの夢の始まり

家の中のものを100個まで減らした体験を書いた『100個チャレンジ』（飛鳥新社）という本の中で、著者のデーブ・ブルーノは、ガレージに置いてある大工道具をすべて売ったことについて書いている。

何年もかけてこつこつと集め、ずっと大切にしてきた道具だ。しかし、所持品を100個まで減らすという挑戦に成功するには、手放さなければならない。

著者のデーブの告白によると、好きな道具をすべて集めて並べたいと夢想する時間が、実際に道具を使う時間と同じくらいあったという。

つまり、これらの道具はいらないものだということだ[1]。

デーブは大工道具を買ってくれる人を見つけると、彼のトラックに積み込むのを手伝い、去って行くトラックを見送った。道具たちとの永遠の別れだった。「日曜大工という趣味は、とりあえず保留だ」と、デーブは書いている。

「100個のものだけで1年間暮らすという目標に加え、週末だけ木工職人になるようなふりをするのもやめる[2]」

デーブにとって、大工道具をすべて処分するのは、1つの夢の終わりを意味した。

「腕のいい職人になるという夢をあきらめたのだ。実際の私は、そういう人間ではない。今の自分とは違う誰か、そしてこれからもおそらくなることはない誰かになるという夢をあきらめるのは、たしかにつらい決断だった[3]」

ときに、ものを手放すのは、自分の中に思い描いた「なりたい自分」に別れを告げる作業でもある。所有物を最小限まで減らすのは、1つの夢の終わりを意味することもあるのだ。

しかし、それは必ずしも悪いことではない。当面はつらいかもしれないが、必要なことだ。なりたい自分をあきらめたときに、実際になれる自分がはっきり見えてくることもある。

あなたも思い入れが強いものと向き合うときは、ここで述べていることを思い出してもらいたい。それらを処分できないと感じるのは、まるで何か大切なものをあきらめるような気持ちになるからだ。それは必ずしも「夢」ではないかもしれないが、それでも自分にとって価値のあるものが失われるのはたしかだ。

どうしても手放せないと感じるものにぶつかったら、「これを手放すことによって、もっと大きなものが手に入る」と考えるようにしよう。

ものの少ない生活の利点は、思い入れはあるけれど、たいして役に立っていないものを持つことの利点よりも、はるかに大きい。

手放すべきだとわかっていても、心情的にどうしても手放せないというものにぶつかったら、「これがなくなったら、自分の人生はどんなによくなるだろう？」と考えてみてもらいたい。具体的に想像すれば、手放すのが簡単になるはずだ。

思い入れの強い本を手放すには

ミニマリズムを始めてから1カ月あまりたったころ、職場で上司から意外なメールを受け取った。スタッフ全員に宛てたメールで、オフィスの大掃除をするという内容だ。

ゴミ収集に使うような大きなゴミ箱をレンタルして、本格的にやるという。掃除の間は、電話もオフにする。その日に入れた約束は、他の日に変更する。ランチは届けてもらう。すべての社員が参加して、自分のオフィスと、共有スペースの両方を掃除する。これはすごい。ミニマリズムで給料がもらえるのだ。

私にとっては願ってもない話だった。

その当時、私のオフィスはかなり悲惨な状態だった。机の上も、引き出しの中も、棚も、すべてガラクタでいっぱいだった。社内でいちばん不要品をため込んでいたのは、おそらくこの私だっただろう。

大掃除の当日、私はいつもより早く出社すると、自分のオフィスにあるいらないものをどんどん取り除いていった。なかでもいらないものリストのトップにあったのは本だ。あの大掃除の1日だけで、オフィスにあった本の量を、本棚3つ分から1つ分まで減らした。そんな自分を誇りに思っている。

真っ先に処分したのは、古くなった事典や資料類だ。そもそも今の時代、インターネットを使えば最新の情報が簡単に手に入る。

次は、一度も読んでいない本（そして現実的に考えて、今後もおそらく読むことのない本）だ。それらの本が棚からなくなると、どこかほっとしている自分がいた。もう読んでない本を見るたびに、罪悪感に襲われることはない。その代わりに、これから出会う新しい本を楽しみにすることができる。

実際に読んだ本については、この先も定期的に読むことがあるかという基準で考えた。もしあるなら残し、ないなら処分だ。

その日のうちに、本だけでなく、壁に飾った大学の卒業証書や、資格の合格証なども処分した。処分しながら気づいたのだが、そもそもそんなものを飾っていたのは、自分を偉く見せるためだ。自分は尊敬されるべき人間だと証明したかったのだろう。

そのとき、もう1つの気づきがあった。

本をたくさん持っていたのも、それと同じではないだろうか。本が詰まった書棚を3つも置いていたのは、私のオフィスを訪れた人に、知的な読書家という印象を与えたかったからだ。見栄を張りたかっただけだ。

隠された自分の一面に気づき、私は恥ずかしくなった。全体の3分の2にもなるいらない本を処分しながら、私は心に誓った。

もう、所有する本の数で自分をアピールするのはやめにしよう。

本は、処分するのが難しいアイテムのトップ5に入る。そして、処分できないのが仕事関連の本であることはめったにない。

本を手放せないのは、たいてい「本好き」と呼ばれる人たちだ。この種の人は、寝室に本の山をつくり、鞄の中にはつねに本を携帯し（昼休みに読むためだ）、2つ以上の部屋に本棚を置き、本をぎっしり詰めている。

本を何千冊も持っていても、または数冊だけでも、仕事の本でも、楽しみのために読む本でも、とにかく本の数を減らすことには大きな利点がある。

覚えているだろうか？

あなたには、大切な夢や目標があったはずだ。人生が余計なガラクタに侵食されていたら（それが知的なガラクタであっても同じことだ）、大切なことを達成できなくなる。

本が自分にとっての難所だと自覚している人でも、次のように考えれば、何とかして本を減らすという気になるかもしれない。

・人は持っている本では決まらない

本の役割は、あなたという存在に価値をプラスすることだ。本をたくさん持っていても、ほとんど持っていなくても、それであなたという人間が決まるわけではない。

・本の思い出と、本そのものは別のものだ

本にまつわる思い出のせいで、どうしても手放せないということもある。それでもその本への思いを文章にすると、手放すのが簡単になる。あなたが手放した本を手に入れた人が、あなたと同じくらいその本を愛してくれるかもしれない。

・愛のために本を手放す

いい本を手放すのは、他の誰かに読んでもらうためだ。せっかくいい本なのに自分の本棚だけに置いていたら、他の人が読むチャンスを奪っていることになる。喜びはシェアしよう。

・所有する本の上限を決める

上限があれば、どうしても取っておくものと、それほどでもないものの選別が簡単になる。上限を決めるという方法は、本以外でも有効だ。いろいろなもので活用しよう。私の場合、オフィスに置く本の数は、本棚3つ分から1つ分に減らした。

しかし、今の時点でそこまで減らすのは無理だという人もいるだろう。それでもかまわない。これは競争ではないのだから、自分にいちばん合った上限を決めて、試してみればいい。後でいくらでも変更することができる。

・いちばん好きな本は持っていていいと決める

ここで大切なのは、「ゼロ」と「少ない」は違うということだ。大切な本は手元に残しておこう。残すと決めたのは自分であり、誰に強制されたわけでもない。それを自覚していると、大きな自由を手に入れることができる。

・電子ブックを活用する

電子ブックリーダーがあれば、小さなデバイスの中に大量の本を保存することができる。たしかにデジタルであるというだけで、持ちすぎているという事実は変わらない。しかし、紙の本に比べればはるかに場所を取らないし、扱いが簡単だ。

郵便物などの紙類を処分するには

子供のころ、親戚のシャロンおばさんに「ペーパー君」というあだ名をつけられた。もう35年も前の話で、当時のおもしろさは薄れているが、それでもおばさんはまだ笑い話にしている。それはともかく、うまいあだ名であったことはたしかだ。当時の私は本当に紙が大好きだった。

たとえば、ノートをたくさん集めていた。青、黄色、緑など、色とりどりのノートだ。そのノートを使って、物語を書いたり、絵を描いたり、記録をつけたり、ベースボールカードをリストにしたり、数学の宿題をやったりする。

自分の部屋の床にノートの山をつくっていた。

大人になるとノートへの興味は薄れたが、紙に囲まれていることに変わりはなかった。今度の紙は、野球の記録を書いたノートではなく、請求書、税金の申告書、クーポン券、仕事のメモ、雑誌、そして永遠に整理の終わらない郵便物の山だ。

紙類を整理するのは簡単ではない。私自身、この分野を完全に制圧したと宣言すれば、嘘をついていることになってしまう。紙類は次から次へと家の中に入ってくる。郵便物、学校や教会からの連絡、仕事の書類などなど。多くの家で、紙の扱いに苦労しているのではないだろうか。

あなたの家には、どれくらいの紙があるだろう？

それを知るために、実験をしてみよう。

家中の紙類をしまうのに、いったいどれくらいのファイルキャビネットが必要になるか考えるのだ。一般的なファイルキャビネットなら、引き出し1つにつき4500枚の紙が収納できる。そこから、家中にある紙の枚数を計算してみよう。[4]

なかなかの数になったのではないだろうか。

もちろん、すべての紙をきちんとしまっている人はほとんどいないだろう。たいていの人は、ただ山にしておいたり、あっちからこっちに移動したりするだけで、決まった整理のシステムに従って片づけているわけではない。

仕事のできるエグゼクティブでさえ、書類をきちんと処理するまでに、30回から40回は手に取ってはどこかに置いているという。[5] 紙類の整理には時間がかかり、収納には場所を取る。しかもそれだけでなく、心の負担にもなる。

シンプルライフを提唱するレオ・バボータは、「散らかった部屋は先延ばしのサインであり、散らかりの度合いが不安の大きさを表している」と言っている。[6] なかでも整理されていない紙類ほど、この言葉が当てはまるものはないだろう。

支払いのすんでいない請求書、まだ読んでいない新聞、整理していない郵便物、終わっていないプロジェクト関連のメモや書類、そういった紙類がキッチンのカウンターや机の上に散乱し、私たちの精神を疲弊させている。紙の山の横を通り過ぎるたびに、げんなりして、やる気が減退してしまう。

だからこそ、視界から紙の山を取り除かなければならない。そうすれば、人生でもっと大切なことに集中できるようになる。

最近では、紙類をすべてデジタル化することも現実的になってきている。電子機器が抵抗なく使える人なら、デジタル化をぜひおすすめしたい。[7]

しかし、たとえ完全なペーパーレスはできないという人でも、紙類を減らすことは可能だ。整理の苦手な私でも、紙類を処理するシンプルなルールを決めることができた。このルールは、どの家庭でも使えると思う。

わが家の場合、紙類を整理するときは、簡単な3つの質問で考えることにしている。

それは「なぜ?」「何?」「どうやって?」だ。

・なぜたまるのか？

最初の一歩は、自分にこう尋ねる。

「なぜ紙類がたまってしまうのか？」

理由はたくさんあるだろう。

・私は物事を先延ばしにするクセがある。紙類がたまっているのは、決断を先送りにしている証拠だ。
・私は整理整頓が苦手だ。紙類の整理ができないのもそのためだ。
・紙類がたまるのは、情報が足りないのが原因だ。何を捨てて、何を取っておけばいいのかがわからない。
・忙しくて目を通す時間がない。だから後で見るためにとりあえず取っておく。
・思い入れのあるものなので捨てられない。たとえば、恋人からの手紙、子供の絵、新聞の切り抜きなど。

自分が紙類をためてしまう理由がわからなければ、紙類の問題を解決することはできない。

・何が必要なのか？

「なぜ？」の部分が解明できたら、次の質問には簡単に答えられるだろう。

「本当に取っておく必要のある紙類は何だろう？」

ミニマリストになる前の私は、お金関係の書類はすべて取っておいた。ファイリングキャビネットの引き出しを開けると、クレジットカードの明細や公共料金の払込票などが10年分も詰まっていた。

なぜ取っておいたかというと、必要だと思ったからだ。

しかし実際のところ、そこまで取っておく必要はない。もちろん決まりは国や地域によって違うのできちんと確認する必要はあるが、たいていの場合、個人のお金の記録の保管義務は3年間だ[8]。それに最近では電子版の明細も増えているので、紙を取っておく必要はなくなってきている。

お金や法律と関係ない紙類については、わが家を美術館にするつもりで管理しよう。美術館のすばらしさの一部は、すべてを飾らないところにある。なぜなら、それで飾ってあるものがより引き立つからだ。

ここは美術館の学芸員になったつもりで紙類の選別をしよう。子供のアート作品や学級新聞の中から、いちばん好きなものを選ぶ。雑誌や新聞などは、この先も読みたいものだけ取っておく。

・どうやって整理するのか?

「なぜ?」と「何?」の答えが出たら、整理整頓の新しい習慣が身につくまでもうすぐだ。そこで次の質問は、「どうやって紙類をいつも整理しておこう?」となる。

カギは2つある。1つは、すぐに行動すること。もう1つは、正しくファイリングすることだ。紙類が家に入ってきたら、その場で決断し、すぐに行動しよう。

ジャンクメールは捨てる。クーポンは切り取る。請求書は支払う。学校からのお知らせはファイルする。お金関係の書類もファイルする。どの作業も数秒で終わる。かかって数分だ。カウンターの上に置きっ放しにしたら、すぐに紙の山ができてしまう。入ってきたらその場で処理すること。

すぐに処理できないものは、決められた場所に一時保管する(ファイルボックスなどの簡単なものがおすすめだ)。そして時間ができたら、ファイルの中身を一気に処理する。

この「入ってきたらすぐ処理する」という単純なシステムは、ほぼすべての紙類で使うことができる。家の中から紙の山がなくなれば、もう気が散ることもない。

本当にやりたいことに集中できるようになるだろう。

お気に入りだった電子機器を手放すには

テクノロジーはあっという間に進化する。次から次へと新機能が出現する。新しいテクノロジーを使うのはたしかに楽しそうだ。だから私たちは、新製品が出るたびに買ってしまう。その一方で、今まで使っていたものはそのまま放置されている。どうしたらいいかわからないからだ。こうやって使わない電子機器がどんどん増えていくのは、しかたないことなのだろうか?

テクノロジーの専門家によると、「技術の陳腐化」と「機能の陳腐化」は違うという。技術の陳腐化とは、新機能を備えた同じ種類の機器が出ることだ。たとえば、あるメーカーのスマートフォンを買った半年後に、同じメーカーから新機能を備えた新型のスマートフォンが発売されるといった場合が、技術の陳腐化になる。一方で機能の陳腐化とは、持っている機器が正しく作動しなくなることをいう。ソフトウェアが誤作動を起こしたり、メーカーのサポートが終了したりする場合だ。

多くの人が、技術の陳腐化が起こるとすぐに新しいものが欲しくなる。先月買ったばかりのクールな新型デバイスよりも、さらにクールな新型デバイスが発売されたと知ると、新しいほうが欲しくなるのだ。

私の考えでは、できるかぎり機能の陳腐化に近づくまで、新しいものを買うのは待ったほうがいい。本当のところ、最新型を持っていなくても特に困ることはない。

私はなにも、技術の進歩や、電子機器を使うことに異議を唱えているわけではない。むしろ技術の進歩のおかげで、ミニマリズム生活がより身近になったと考えている。

たとえば私のスマートフォンには、映画、本、音楽、地図、スケジュール帳、スターバックスのカード、アドレス帳などが入っている。

おかげでずいぶんと持ち歩く荷物が減った。

今の時代にミニマリズム運動が盛んになったのは、間違いなくテクノロジーの進化のおかげだろう。最近は本当にものを減らすのが簡単になった。

しかし心配なのは、多くの人が、新しいテクノロジーが生活を便利にしてくれると無条件に信じてしまっていることだ。深く考えずにテクノロジーを使っていると、知らない間に人生の無駄を増やしてしまうことになる。テクノロジーは私たちのエネルギーを奪い、時間を奪い、場所を奪い、そしてお金を奪う。

私たちの誰もが、パソコンで単純な作業をするだけで、午後を丸々無駄にした経験があるのではないだろうか。

新型に買い換えるか、それとも今持っているものを使いつづけるか。それを判断する基準は、「これはどんな問題を解決してくれるだろう?」というシンプルな質問だ。

テクノロジーは、生活を便利にするために存在する。

職場でも、家庭でも、問題をより効果的に解決するのがテクノロジーの役割だ。もし問題を解決してくれないのであれば、むしろ問題を増やす存在になってしまう。

使わなくなったデバイス（と、それに付随するコードとバッテリー）をいつまでも持っていても、人生に無駄なガラクタが増えるだけだ。

そのガラクタを取り除くには、ただ正しい方法で処分するだけでいい。たいていの自治体で、電子機器の回収とリサイクルを行っているだろう。

それでは、これから買うものについてはどう考えればいいのだろうか。

新型が出たという理由だけでスマートフォンを買い換えるのは、もし新型にすることで実質的な利点がないのなら愚かなことだ。同じことは、カメラ、家庭のＡＶ機器、パソコンにもいえる。今のテレビが普通に映っているなら、わざわざ大型スクリーンのテレビに買い換えることはない。

最新テクノロジーをすぐに手に入れなくても、それで後悔することはほとんどない。メーカーが何を言おうと、新製品を手に入れるために並んだりする必要はないのだ。

新型が出たらすぐに飛びつくのではなく、まず機会費用をきちんと計算する必要がある。機会費用とは、ある選択をしたことで失った価値のことをいう。

もし新型を買うという選択をしたら、どんな価値が失われるだろう？　新型を買うお金で何ができただろう？　そのお金で、借金の返済ができたかもしれないし、週末に旅行ができたかもしれない。または、スマートフォンよりもずっと長く使っているマットレスを買い換えることができたかもしれない。

その新しいテクノロジーは、本当にあなたの生活を向上させてくれるか、それともまだ大切なもののじゃまをするだけか。新型のデバイスが欲しくなったら、いつもそう尋ねるようにしよう。

古い型を使いつづけたからといって、夢が終わってしまうわけではない。

むしろ理想の人生に向けて大きな一歩を踏み出したと考えよう。

家族の思い出の品をどうするか

わが家の場合、ミニマリズムの最終段階は地下室の片づけだった。

たしかにうちの地下室はものがあふれていたが、理由はそれだけではない。むしろ感情の問題のほうが大きかった。地下室の箱の中に詰まったものたちは、そのまま私たちの歴史を物語っているからだ。

高校の卒業アルバム、大学の教科書、それに使っていない結婚祝い。靴箱いっぱいの写真に、海外旅行のおみやげ。それに子供時代の思い出が詰まったものの数々。そういったものを処分するのは簡単ではない。

結局、地下室の整理には何カ月もかかり、強い意思も必要だったが、私たちもそのころにはかなり鍛えられていた。

すでに家中の無駄を取り除いていたので、「少ないことはいいことだ」という確信ができていた。それに、20年かけて集めた思い出の品々のうち、どれを残し、どれを処分するのかという、難しい決断を下す心の準備もできていた。

妻のキムと私は、「ベストのものだけ」という決まりをつくった。

思い出の品や、思い入れのあるものは処分できないという人は、この決まりを活用するといいだろう。

私たちも、すべてを処分したわけではない。かといって、すべて取っておいたわけでもない。ただベストのものだけを残すことにしたのだ。

過ぎ去った日々や、愛する人々を思い出させてくれるものたちの中から、いちばん状態がよく、いちばん意味のあるものだけを残す。そしてベストのものを選んだら、箱の中にしまっておくのではなく、家の中の見える場所に置くことにした。

そうすれば、普段から大切な思い出に触れることができる。

ここで例をあげて説明しよう。

妻のキムにとって、地下室の片づけでいちばん心情的に難しかったのは、大好きな祖母の遺品を整理するときだった。祖母のアイリーンは、キムにとってあこがれの存在だったのだ。だから箱に詰まった遺品は、どれも大切なものだ。

それでも私たちは、ここでも「ベストのものだけ」という決まりを守ることにした。キムは箱の中から3つのものを選んだ。お菓子のお皿、蝶のブローチ、聖書、どれもアイリーンの人生をもっとも雄弁に物語ってくれるものだ。

お菓子のお皿は、今ではわが家のリビングで活躍している。祖母が外出時にジャケットにつけていた蝶のブローチは、今ではキムが同じようにして使っている。そして聖書も、かつて祖母がそうしていたように、ナイトスタンドの上に置いている。

こうやって思い出の品を厳選したことで、かえってアイリーンお祖母さんを身近に感じられるようになった。それに加えて、彼女が残し、私たちが受け継ぎたいと思っていた価値を、さらに高めることができた。さまざまな遺品の中からいちばん大切なものを選んだことで、祖母の残した価値がさらに力強く受け継がれることになった。

あなたもきっと、「ベストのものだけ」という決まりを使えば、強い思い入れのある品々を効果的に選別できるようになるだろう。

それでも、まだどうしても手放せないというものがあるのなら、いくつかコツを伝授しよう。どうするか迷ったときに参考にしてもらいたい。

・とりあえず半分だけ取っておく

一気に減らすのが難しいなら、まずは数を半分にしてみる。

たとえば、高校時代のものが箱2つ分あるなら、1箱に収まるまで減らせるだろうか？半分にするだけでも、まったく減らさないよりはずっといい。自分なりに基準を決めると、いちばん大切なものが選びやすくなる。そうやって減らしていけば、いずれは「ベストのものだけ」を実行できるまでになるだろう。

・写真を撮ってから手放す

あなたが思い出の品を手放せないのは、後悔することを恐れているからだろうか？もしそうなら、デジカメで写真を撮ってから処分するという方法がある。

写真が残っていれば、完全になくなってしまうことにはならないからだ。

前にも述べたように、思い出はものの中にあるのではなく、あなたの心の中にある。ものはただ、思い出す助けになるというだけだ。

だから写真があれば、実際のものと同じ役割を果たすことができるだろう。

この方法に異議を唱える人もいるかもしれない。写真を残しておくのは、結局ものに執着しているのと同じだという考え方もあるからだ。電子ブックのときにも言ったように、たしかにデジタルであっても、ものはものだ。

とはいえ、きちんと整理してあれば、物質的なものに比べてはるかに場所は取らないし、心理的な負担にもならない。移動や管理が簡単で、見たいときにすぐに取り出すことができる。

曾祖母が蒸気船に乗ってアメリカにやって来たときに持っていた壊れたトランク、未来の夫から初めてもらった安いネックレス、子供が初めて描いた本物の人間らしく見える絵。こういったものを写真で残しておけば、実物と同じくらいの思い出の品になるだろう。

・もう一度命を与える

自分は使わないけれど、他の人なら使うかもしれないのなら、実際に使ってくれる人にあげれば、思い出の品にもう一度命を与えることができる。思い出の品を寄付すれば、他の誰かがそれを使って新しい思い出をつくってくれるだろう。

たとえばベビー用品は、この目的にもっとも適している。

子供の服やおもちゃ、ベビー用品を手放せない親はたくさんいる。無理もないことだろう。子供がまだ小さかったころの大切な思い出が詰まっているからだ。

ここでもまた、「ベストのものだけ」という基準を使うといい。

ガラガラやよだれかけ、赤ちゃんの靴などをすべて取っておくのは、やはり非現実的だ。人生のステージが変わり、子供たちとはまた新しい思い出をつくっていくのだから。実際のところ、子供が使っていたベビー用品を子供が思春期になるまで取っておいたら、むしろ嫌がられてしまうだろう。

世の中には、新しいお母さんが次々と誕生している。

あなたの家で使わなくなったベビー用品も、彼女たちが喜んで使ってくれるだろう。役立ててくれる人がいるのに、ただ持っているだけではあまりにももったいない。

他の赤ちゃんが使ってくれるほうが、あなたにとってもずっと嬉しいのではないだろうか？

大切なものを、同じくらい大切にしてくれる誰かにあげたら、あなたと受け取った人の両方が幸せになれる。

思い出の品を手放したくないと思うのは、それが運んできてくれる思い出を大切に思っているからだ。大切な人たち、一緒に体験したこと、成長や功績の証。ところが残念なことに、物質的なもののほうばかりに執着していると、それにまつわる思い出の喜びはむしろ減ってしまうのだ。

ものがありすぎることは、心の負担になる。

管理に手間がかかり、お金もかかる。だから、たとえ大切な思い出の品でも、ベストのものだけを残し、残りは思い切って処分してしまおう。

過去のものにとらわれていては、新しい経験や人間関係を手に入れることはできないだろう。

さて、ここからは、あなたがミニマリズムの対象としてまったく考えていないかもしれない2つの場所について話していきたい。

1つは移動に使う車で、もう1つは今住んでいる家そのものだ。

この2つはなかなかの大物だ。

ここで見果てぬ夢を追いつづけるのをやめれば、大きな見返りが期待できる。

車を持つことの価値を考え直す

私たちの暮らす社会では、全員とはいわないまでも多くの人が、車に夢中になっている。人々が車に興味を持つのも、ある程度までは理解できる。アメリカの都市の多くは、車で移動することを前提とした構造になっているからだ。

しかし、私たちの多くにとって、車は単なる移動手段を超えた存在になっている。ただA地点からB地点に行ければいいというわけではない。

車を持つということは、ある種のステータスだ。

だから車種にこだわり、大きさにこだわり、乗り心地にこだわる。所有する車で、自分が成功していることを周りに誇示したいのだ。

もちろん、車を選ぶ理由は他にもあるだろう。ノスタルジア、スピードが好き、自動車工学の最新技術に魅せられている、心の傷を癒やす、などなど。だがたいていの人は、ある種の見栄で車を選んでいると考えて間違いない。車の利用と、車にかける費用の統計を見てみると、車が単なる移動手段を超えた存在だということがよくわかる。

アメリカ自動車協会の発表によると、2014年にかかった車の維持費は、平均して8698ドルだった。SUVの場合は1万6224ドルになる[9]。

車の維持費は2番目に大きな家計支出であり（もっとも大きい支出は家賃、または住宅ローンの返済だ）、年収の15パーセントを占めている。新車のローンの平均は2万7000ドル以上、中古車の場合は1万8000ドル近くになる[10]。

こんなにお金がかかるのに、それでも私たちはいい車に乗りたいと思っている。

私は以前、アリゾナ州フェニックスでミニマリズムに関する講演を行った。

講演が終わると、ある若い男性が相談にやってきた。

「ジョシュア、今日のお話のすべてに賛成です。実をいうと、私はすでにかなりのミニマリストです。でも、1つ質問があります。私は車にかなりこだわりがある。つまり、お金の許すかぎりいい車に乗りたいと思うんです。これは間違っていますか？」

彼の話を聞きながら、私は実業家でコラムニストのハーヴィ・マッケイの言葉を思い出していた。

「高級車を買えるお金があるなら、大衆車に乗っていたほうがよほど周りを感心させることができる」と、マッケイは言っていた[11]。

マッケイの言葉を、私なりに解釈すると次のようになる。

6万ドルの高級車を買い、乗り回して見せびらかす余裕があるのなら、3万ドルでも十分な機能を持つ大衆車を買い、残りの3万ドルを世界の問題を解決するのに使ったほうがずっといい。3万ドルの車を買って世界に貢献したほうが、喜びも満足感も大きくなるだろう。

質問をしてきた若い男性に、私はこう提案した。

「高級車を買うよりも、そのお金をもっと価値のある目的に使ったほうがいいのではないだろうか?」

彼が最終的にどのような決断をしたのかはわからない。とにかくあなたも、この若い男性と同じように、車についての考え方を問い直してもらいたい。

私たちは21世紀に生きている。公共の交通機関が発達している地域に住んでいるのでないのなら、どうしても車は必要になるだろう。

車を持つなら、信頼できるメーカーが出している性能のいい車を買うべきだ。

しかしそれは、企業や広告会社の思惑通りの車を買うという意味ではない。あなたにとっての最優先事項は、自分がこの世界で果たすべき使命をまっとうすることであり、車はその助けになれるだけの性能があれば十分ということだ。

車に関しては、むしろ安いものに買い換えたほうが生活の質が上がる。もっと大切なものにお金を回す余裕ができるからだ。自分の優先順位がわかっていれば、高級車に乗っていなくても、自分の車に誇りを持つことができるだろう。

小さな家の暮らしやすさを考えてみる

必要以上に高性能で高価な車を買うのと同じで、多くの人が必要以上に大きな家を買っている。もっと小さな家のほうが、何かと都合がいいのではないだろうか?

この機会に、家についてよく考えてみよう。

人が今よりも大きな家を買うのには、さまざまな理由がある。

たとえば、家族が増えたという理由もあるだろう。以前よりも稼げるようになったからかもしれない。不動産業者か、または銀行のローン担当者から、もっと大きな家を買うべきだと説得されたという人もいるだろう。周りを感心させるために大きな家を買う人もいれば、大きな家こそが「理想のマイホーム」だと信じている人もいる。

住む家がどんどん大きくなっていくもう1つの理由は、誰も止めてくれないからだ。私たちの暮らす消費社会では、お金を稼いでいるのなら、できるかぎりたくさん買い、できるかぎり大きなものを買うのが当たり前になっている。

大きいよりも小さいほうがいいというアドバイスをくれる人は誰もいない。小さな家のほうが幸せになれるかもしれないということを、きちんと根拠を示して説明してくれる人もいない。

しかし、小さな家のほうがいい理由はたくさんある。

・小さな家は管理が簡単だ

家を所有している人なら、家の管理がどれだけ大変か知っているだろう。多大な時間とエネルギーが必要になる。大きさ以外のすべての条件が同じであるなら、小さい家のほうが住む人間の労力は小さくてすむ。

・小さな家はお金がかからない

小さな家は、購入費が安いし、維持費も安い。保険料も、税金も、冷暖房費も、光熱費も、大きな家よりかからない。家にお金がかからないために、他のことに使えるお金が増える。その結果、借金が減り、リスクも減り、ストレスも減る。環境にも優しいし、場所がないので所持品を増やそうという気にもならない。

・小さな家は家族の絆を深める

家が小さいと、家族が顔を合わせる機会が多くなる。家族が一緒にいるのはいいことだ。そうでしょう?

・小さな家は売るのが簡単だ

小さな家のほうが売るのが簡単なのは、多くの人にとって手の届く価格だからだ。それに、引っ越すときに家が早く売れると、家を持つことにともなう最大のストレス要因から解放されることにもなる。

わが家がバーモント州からアリゾナ州に引っ越したとき、それまで住んでいた家を売って新しい家を買うことになった。バーモントとアリゾナでは住宅の相場がまったく違っていて、以前よりかなり大きな家に住んでも、月々の支払いを下げることができた。それでも、私たちは大きな家を買う気はまったくなかった。むしろさらに小さい家に住みたいと思っていたぐらいだ。

新居を選ぶ基準は、「今より小さいこと」だけではなかった。

小さな子供のいる家族のニーズを満たし、わが家の価値観に合った住まいでなければならない。絶対に譲れない条件は、ベッドルームが3つあること、ダイニングルームがあること、家族全員で楽しめるリビングがあること、周囲の環境がいいこと、学区内に質の高い学校があること、そして家の造りがしっかりしていることだ。

条件にぴったり合った家を見つけたときは有頂天になった。

家の大きさは30パーセント減だが、ローンの支払いは50パーセント近くも減少した。大きさよりも質を重視し（「量より質」はいつでも正しい決断だ）、多額のローンの支払いという重荷から解放された。家中のすべての場所を、いつも使うことになった。とにかくすべての空間がすばらしかった。

家の購入は大きな決断だ。さまざまな要素を吟味しなければならないが、そのすべてについてここで見ていくことはできない。結局のところ、譲れない条件を決めるのは家を買うあなた自身だ。

それでも、一般的なアドバイスならできる。

家を選ぶ基準は自分のニーズであって、銀行が貸してくれるお金の額ではない。重荷を背負うのではなく、自由が手に入るような選択をしよう。

私はなにも、必ず小さな家を買わなければならないと言っているわけではない。

ただ、小さい家のほうが幸せになれるかもしれないと提案しているだけだ。

少なくともわが家はそうだ。

理想を実現するためには、あきらめないこと

これまで見たように、本、紙類、電子機器、思い出の品、車、そして家が、手放すことが難しい代表的な分野だ。この分野のものは、持っていてもかまわない十分な理由があると考えてしまう。

「これらのものを手放したら、何か大切なものを失ってしまうのではないか?」と心配になるのだ。

しかし実際は、ものを減らす努力をしないほうが、何か大切なものを失うことになる。

その大切なものとは、理想の人生を生きる自由だ。

本当に大切なのは、ものではなく、夢をかなえることだろう。

理想の人生を実現するためなら、犠牲を払う価値はあるはずだ。

それでは、これからいちばん難しい場所のミニマリズムに取り組むあなたのために、私から最後の言葉を贈りたい。

それは、「あきらめるな」だ。

私はかつて、ミニマリズムのブログをやめようと思ったことがある。

当時はブログを始めてから1年ほどで、読者は増えていたが、特別なことは何も起こっていなかった。そこで2009年の2月に、ぱったりと書くのをやめた。「誰も読んでくれないから、もうやめる！」と拗ねたわけではない。ただ他にやることができて、ブログにまで気が回らなくなっただけだ。

今では人生の大きな部分を占めているブログだが、もし2009年3月3日の夜に、偶然ラジオであるコマーシャルを聞かなかったら、デジタルの海の中に埋もれてしまっていたかもしれない。

マサチューセッツ州で行われる会議に出席するために、車を走らせていたときのことだ。ある家具店が、着なくなったプロムのドレスを集め、ドレスを買えない高校生に寄付するという話が流れてきた。すばらしいアイデアだと思った。

プロムに着ていくドレスを買えない少女にとっては、これはとてもありがたい話だろう。彼女たちの気持ちを想像すると、今でも胸にこみ上げてくるものがある。

そこで私は、この話を自分のブログに書き、着なくなったドレスの寄付を呼びかけた。かなり久しぶりのエントリーだった。

ブログをアップするのとほぼ同時に、クリスティという知らない女性が、「おかえりなさい、ジョシュ」とコメントしてくれた。ブログを始めたころからずっと読んでいて、ミニマリズムを続けるやる気をもらっていたという。

その彼女の言葉が、今度は私の励みになった。

クリスティが残してくれたコメントはとても短い。それでも私にとっては、ブログを続ける大きなきっかけになった。あそこでやめなくて本当によかったと思っている。

ブログのおかげで、ミニマリズムについて語ることが自分の天職だと気づいたからだ。

ミニマリズムを続けるのが難しくなることもある。それは私にもよく理解できる。家の中のものを減らすのは、肉体的にも精神的にもきつい作業だ。やることは他にもたくさんある。ミニマリズムは簡単に後回しになってしまうだろう。

しかし、人生でもっとも大切な学びは、時間と努力が必要だ。

最初から正しくできる人はほとんどいない。

途中であきらめたくなっても、ぐっとがまんしよう。人はつらさを乗り越えるという経験をしないと、自分の可能性をフルに発揮することはできないからだ。

ここであなたに励ましの言葉をかけよう。

あなたはできる!

私にはわかる。さまざまな経歴の人々が立派なミニマリストになるのを、実際にこの目で見てきたからだ。あなたがこの旅で成功できるように、次の章では、難しい決断を下すときに便利に使えるツールを紹介していこう。

そのツールとは、ミニマリズムの実験だ。

第8章 少ないもので暮らす実験をする

車を買うときに、試乗してから決めたことはあるだろうか？

何かを買うときに、気に入らなければ100パーセント返金保証だったら、気に入るかどうかわからなくても、とりあえず買って帰ったことはあるだろうか？

お医者さんから、効くかどうかを試してみるために、薬を処方されたことはあるだろうか？

たいていの人が、以上のすべてを経験したことがあるだろう。

とりあえず試してから決めるというのは、日常生活でよくあることだ。

別の言葉で表現すると、実験期間を設けるということでもある。

ミニマリズム生活でも、まず実験してみることをおすすめする。

やり方は簡単だ。あるものがなくても暮らしていけるかどうか迷ったら、とりあえずそれを使わずに生活してみるだけだ。

この実験には、「生活に必要なもの」について先入観を見直すという意味もある。私の経験からいえば、たいてい必要なものは思っているより少ないものだ。

ミニマリズム初心者には、まずお試し期間を設けることをすすめている。一定期間、あるものを使わずに生活してみるのだ。その間に心の整理ができて、ミニマリズムの過程で経験する難しい時期も乗り越えることができるだろう。

しかも、それだけではない。ミニマリズムの実験は、一生使えるスキルになる。実験をすることで、ミニマリズム生活に微調整を加え、いつでも最適の状態を保つことができるのだ。

この章で紹介する実験は、たまに便利に使えるツールではない。むしろ一生使うことができるミニマリズムのテクニックだ。

実験することによって、自分にとって本当に必要なものが判別できるだけでなく、「ものをため込む」以外の生活を、実際に体験することができる。

私の知っているミニマリストたちは、たいてい「とりあえずなしで生活してみる」という実験をさまざまな分野で行っている。この章の終わりで、彼らの物語をいくつか紹介しよう。

もしあなたが、ものの少ない生活を本気で考えているのなら、ぜひ自分なりの実験を開発してもらいたい。実験のやり方はとてもシンプルだ。

・実験……私は○○（何らかの所有物）を使わずに、○日間（または○週間、○カ月）暮らしてみる。

実験期間が終わったら、次のどちらかの決断をする。

（　）私はこれがなくても生活できる。

（　）私にはこれが必要だ。

実験終了時に決断することで、処分するなら心おきなく処分でき、取っておくなら人生で有効に活用することができる。

自分なりのミニマリズムを見つけるなら、実験を行うのがいちばんの方法だ。

実験は自分を理解するきっかけになる

わが家もたくさんの実験を行ってきた。

たとえば、一定期間だけケーブルテレビを解約したことがある。スマートフォンからすべてのアプリを削除したこともあった。服の数を極端に減らしたりもした。1カ月間、外食を一切しなかったこともある。食洗機を使うのもやめてみた。家具、調理器具、家族の作品、子供のおもちゃなどを一定期間どこかにしまい、なくても暮らせるか試したこともある。

実験をくり返していくうちに、生活をするのにそんなにものは必要ないということがわかってきた。むしろ、ものが多すぎて時間とエネルギーを消耗するよりも、かえって暮らしやすくなる。

とはいえ、実験の結果はいつでも「なくても生活できる」だったわけではない。たとえば、車1台で生活するという実験を行ったときがそうだった。

妻のキムと私は、所有する車を2台から1台に減らせば、お金も手間も今よりかからなくなると考えた。保険料もガソリン代も節約できるし、場所も取らない。

そこで、バーモントからアリゾナに引っ越す直前に、ミニバンを友人に売り、家族用にホンダ・アコードだけを残すことにした。

そうやって車1台だけの生活が始まった。私の記憶が正しければ、4カ月は粘ったはずだ。しかし、最初の2週間ですでに答えは出ていた。わが家の生活で、車が1台しかないのは無理だったのだ。

2人の大人がそれぞれ仕事を持っていて、子供は2人とも学校に通い、習い事もしているとなると、車1台ではどうしても回らない。しかも公共の交通機関が発達していない地域なのだからなおさらだ。車を2台所有するのは、わが家にとってはお金と労力をかける価値のあることだった。

この実験によって、1台の車で間に合わせるためにさまざまな努力をするのは、わが家にとっては大きな負担になるということがわかった。だから妻と私は、もう1台車を買った。

しかし正直なところ、たいていの実験は「なくても暮らせる」という結果になった。あなたもこの実験をまじめにやれば、本当に少ないもので十分に生活できることがわかるだろう。それに加えて、実験は自分をより深く理解するきっかけにもなる。新しい可能性の扉が開き、今まで想像もしていなかったような、身軽で自由な暮らしが現実になるだろう。

さらに、もう「あれがなくても生活できるか」と悩む必要がなくなる。実験すれば、ほぼ科学的な正確さでいずれかの判断が下せるはずだからだ。

実験を重ねるたびに、自分にとっての「十分」の意味が理解できるようになるだろう。

自分にとっての「十分」を知る

私に「十分」の概念を教えてくれたのは、パトリック・ローンという人物だ。[1] パトリックは、妻と娘と一緒にミネソタ州セントポールに住んでいる。職業はライターで、アップルのコンピューター、上質なペン、芸術、詩、それに美しい文章をこよなく愛している。彼は著書の『十分（Enough）』の中で、自分にとっての「十分」を見つける実験について書いていた。

「十分」を知るのは、何かに挑戦したときだ。自分の先入観を疑ったときだ。ものを減らし、挑戦を増やし、自分にとっての「ちょうどいい」を知ったときだ。少ないことを恐れる気持ちを手放したときだ。たくさん持つことで得られる偽物の安心感を手放したときだ。たくさん持ち、すべてを失い、本当に必要なものを知ったときだ。

「十分」を知るのは簡単な作業ではない。

そこに到達するには、まず「もし～だったら」という考えを捨てなければならない。憶測、仮定、推測、半分だけの真実を捨てなければならない。恐怖、強欲、自信のなさ、誇大妄想を克服しなければならない。真実を知るには、自分に厳しく問わなければならない……。

しかし、ここで忘れてはならないのは、「十分」の基準さえも変化するということだ。

綱渡りの名人は、状況の変化に合わせてつねに微調整を加えている。あなたもそれと同じことをしなければならない。

つまりここでの目標は、絶対的な答えを見つけることではない。未来永劫変わらない「十分」を知ることではない。それは不可能だ。

大切なのは、今の時点での十分を知るためのツールと戦略を発見し、状況の変化に合わせて調整していく柔軟性を身につけることだろう。[2]

「十分」の基準は人によって違い、自分にとっての「十分」を発見するには、さまざまな要素を考慮する必要がある。

しかし、難しいからといって探さずにいたら、絶対に見つかることはない。

パトリックが言っていた綱渡りの話が、ずっと心に残っている。はるか高いところに張られたワイヤーの上に立っているのは、あなたであり、私なのだ。

私たちは、たいていは「ものが多すぎる」のほうに傾いている。しかし、自分ではそのことに気づいていない。ものが多すぎる状態に慣れてしまっているからだ。持たない暮らしの実験をすることで、「ものが少なすぎる」のほうに傾いた状態を実際に体験してみることができる。

おそらくたいていの人は、今まで少なすぎる状態を体験したことがないだろう。自分にとっての正しいバランスを知るには、多すぎる状態と、少なすぎる状態の両方を体験してみなければならない。多すぎず、少なすぎないのが、ちょうどいい状態だ。実験によって、自分にとっての「十分」を発見することができるだろう。

たとえば、靴で実験するという方法もある。靴は何足あれば「十分」なのだろうか？ほとんどの人はその答えを知らない。

ミニマリズムに興味がある人なら、1足あれば十分だと言いたくなるかもしれない。しかし現実的に考えれば、1足では足りないだろう。仕事用の靴を、庭やバスケットボールのコートでも履くわけにはいかないからだ。少なくとも2足は必要だ。特別な外出のときのためにいい靴も欲しいなら、全部で3足になるだろう。

それでは、3足で本当に十分なのだろうか？　あなたにとっては、3足で十分かもしれないし、もしかしたら足りないかもしれない。

ここでのポイントは、私たちのほとんどが、自分にとっての「十分」について考えていないということだ。そのため、靴を8足か9足も（または28足か29足も）下駄箱の中にため込んでいる。そして、バーゲンでいい靴を見つけたら、また喜んで買ってくるだろう。

靴の例からもわかるように、まずは自分が「当たり前」と思っていることを疑い、本当に必要な量を知ることが大切だ。

ここであえて断言するが、おそらくほとんどの人が、すでに必要以上にものを持っている。「十分」の地点はもうずっと昔に越えてしまっているのに、ただ自分では気づいていないだけだ。そして実験をしなければ、おそらく一生気づかないままだろう。

前にも紹介した友人のコートニー・カーヴァーもまた、そんな実験を切実に必要としていた1人だった。

3カ月間、33アイテムで生活してみる

誰もが恐れるような病気が発見されたとき、コートニー・カーヴァーは37歳だった。多発性硬化症と診断されたのだ。[3] さまざまな疑問が彼女の頭の中を駆けめぐった。それでもコートニーは、簡単にあきらめるような性格ではない。それからは、病気の原因、症状、治療法、治療に成功した体験談を調べることが、新しい情熱になった。

調べていってわかったのは、ストレスが症状悪化の一因になるということだ。

逆にストレスを減らせば、症状は改善される。

コートニーは言う。

「ストレスは、多発性硬化症だけではなくて、他のたくさんの病気にも悪影響を与えているとわかったの。だからすぐに対策が必要だった。ストレスの原因は、食事、恐怖、心配、忙しさ、問題のある人間関係、借金、散らかった家などなど。外的な要因でも、内的な要因でも、とにかくさまざまなことがストレスを生んでいる。でもストレスの原因なら、自分の力でコントロールできると思ったの」

そこでコートニーは、暮らしをシンプルにすることにした。

それがストレスを減らす、もっとも効果的な方法だと気づいたからだ。

「たくさん働いているのだから、いいものを買うのは自分へのごほうびだと思っていた」と、彼女は言う。

「ショッピングはストレス解消だと思っていたのね。でも家の中をあらためて見回してみると、むしろストレスの原因になっていることに気がついた。手入れや掃除が大変だというだけではない。ショッピングでつくった借金も心に重くのしかかっていた。ものの処分を始めると、心がどんどん落ち着いて、ストレスがどんどん少なくなっていったの。こんなに心が穏やかになるのなら、もっと他にも減らさないとって思ったわ」

コートニーは、花瓶に飾ったガーベラのドライフラワーの話をしてくれた。

結婚式の思い出の品で、夫婦の寝室に置いてあった。ある晩、その花を見ていたときに、彼女はこんなことを考えたという。

「この花瓶と花は、本当に私の生活を豊かにしてくれているだろうか？　ただ掃除のときにホコリを払っているだけで、これを使って何をするわけでもない」

彼女は夫には何も言わず、花瓶と花を60日間だけ目に見えない場所に移動した。実験が終わりに近づいても、夫は変化にまったく気づいていなかった。そして、それはコートニー自身も同じだった。

それから彼女は、他にもなくてもかまわないものを探しはじめた。

おしゃれは妥協せず、それでも朝の身支度を簡単にするために、コートニーはあるプロジェクトを企画した。彼女はそれを「プロジェクト333」と呼んでいる。[4]

3カ月の間、衣料品は33アイテムだけ使っていいことにする。33アイテムの中には、靴とアクセサリーも含まれる（ただし、下着、パジャマ、運動をするときに着るものは別だ）。そして3カ月の期間が終わるころ、コートニーのクローゼットは前よりずっとすっきりしていた。中にあるのは33アイテムだけ。彼女は今でもその数字をキープしている。

コートニーの挑戦は、全米のニュースで取り上げられた。

そして、彼女に触発された何万人もの人々が同じプロジェクトに挑戦している。

それは女性だけではない。男性もいるし、世界中のさまざまな気候で暮らす人たちもいる。コートニーのおかげで、私も含めた多くの人たちが、毎朝パンパンに詰まったクローゼットと対面し、服はたくさんあるのに着られるものが見つからないというストレスから解放されたのだ。

コートニーの挑戦が教えてくれたことは他にもある。

それは、いきなりものを減らさなくてもいいということだ。実験期間を設ければ、一時的に見えないところに置き、その間に本当に必要かどうか決めることができる。

コートニーも、完全に「いらない」と判断できるまで、ガーベラを飾った花瓶も、山のような服も、とりあえず見えないところにしまっておいた。

これは問題の先送りではない。有効な戦略だ。

私なら「一時保管」と呼ぶだろう。

手放すのを迷ったら一時保管してみる

わが家がミニマリズムを実践することを早い段階で報告した人の中に、妻のキムと私の友人であるリズがいた。そのとき私たち3人は、ある共通の友人の家に招かれた。

庭に出て、ニューイングランドの気持ちいい夏の夕暮れを満喫しているときに、私はリズにミニマリズムの話をした。

ガレージの整理をしていたときに、お隣さんから「こんなにものはいらない」と言われたことを話し、そして不要なものを箱に詰め、いるかどうか判断するまでとりあえず地下室に置いているという話をした。

そのとき、リズがこう言った。

「それってミニマリズムなの？　ただものを移動して一時保管しているだけじゃない？」

そう言われて、はたと考えた。

たしかに、ある意味で彼女の言うことは正しい。余分なものを地下室に収納するのは、所有物を少なくするのとはまったく違う。これはミニマリズムではないし、よく考えて不要品を選んだわけでもない。あるものが完全に人生から姿を消さなければ、本当の意味で自由を手に入れたとはいえないだろう。

それでも、今から思えば、余分なものを地下室に移動したのは大切なステップだった。いるものといらないものをきちんと判断できるようになるまでに、冷却期間をおく必要があったのだ。

リズが「一時保管」という言葉を使ったのは、私たちへの挑戦だった（もちろん、悪気はないけれど）。そこで私は、からかわれて気を悪くするのではなく、彼女の挑戦を受けて立つことにした。あれ以来、一時保管という戦略を有効に活用している。

何年か前、私はある講演でミニマリズムの話をした。

話が終わると、20代半ばほどの女性がやってきて、自分の体験を話してくれた。

彼女は数年前に大学を卒業し、地元の企業で「場所に依存しない」仕事をしている。つまり、世界のどの場所で働いてもいいということだ。彼女はこの働き方に魅力を感じ、若いうちに世界のいろいろな場所を見ておくのはいいことだと考えた。

しかし、彼女は言う。

「問題は、借りている部屋にものがありすぎることです。身軽になっていろいろな場所に行きたいと思っているのに、ものを手放すことがどうしてもできない。旅をしたい気持ちは本当ですが、ものを減らすまでは身動きが取れないんです。本気でミニマリズムに取り組めるように、何かアドバイスをいただけないでしょうか？」

そのとき私は、あの夏の夕暮れにリズが言ったことを思い出していた。

「今すぐ捨てるのがそんなに難しいなら、とりあえず一時保管してみたらどうですか？」

私からその若い女性へのアドバイスはこうだ。

「家にあふれるもののせいで、夢を追いかけるのをあきらめてはいけない。まずは小さな収納スペースを借りて、所持品をすべてそこに移動する。そして世界を見る旅に出る。これはほぼ保証できるけれど、半年後ぐらいに戻ってきて、借りた倉庫の扉を開けたときに、なくて困るようなものはほとんどないことに気づくだろう。そうなれば、もっと楽な気持ちでものを手放すことができる」

彼女は私のアドバイスに挑戦してみることにした。そして今では、世界旅行というかけがえのない思い出を持っている。

この一時保管戦略の考え方はいたってシンプルだ。

あるものを手放す心の準備がまだできていないのなら（心情的な理由でも、実用的な理由でも）、それと似たようなものと一緒に箱に入れる。そして箱の外に、その日の日付と、中身の簡単な説明を書き、箱を目につかない場所にしまう。地下室、屋根裏、クローゼットの奥などがいいだろう。

そして何カ月かたち、箱のことなどすっかり忘れたころ、偶然箱を見つけることになる。そのときに箱の中身を点検してみよう。

たいていの場合、そのころになれば手放すのも苦ではなくなっているはずだ。思っていたほどそれらのものが必要でないことに気づくだろう。

それに、それらのものへの思い入れもかなり小さくなっている。ものは人ではない。人の不在はその人への思いを大きくするが、ものの不在がものへの思いを大きくすることはめったにない。

一時保管の戦略のコツがつかめたら、必要なときに活用するようにしよう。

たとえば、ミニマリズム仲間のライアン・ニコデマスも、一時保管の戦略を徹底的に活用している。[5]

すべての持ち物をいったん箱に詰めてみる

ライアン・ニコデマスは、エリートの高給取りで、大きなマンションに住み、1匹のネコを飼っていた。本人によると、「欲しいものはすべて持っていた。それに、自分が持つべきものをすべて持っていた……。ネコと僕は、アメリカンドリームを実現したのだ」とのことだ。

しかし、誰もがうらやむような暮らしをしていたライアンも、心の中ではどこか虚しさを感じていた。

「いくら稼いでも、借金がまるで減らない……。アメリカンドリームを追いかけていると、お金がなくなるだけではない。いつもストレスと不安にさいなまれ、心が満たされなかった。惨めだった。一見すると成功者かもしれないが、自分では成功したなんてまったく思えなかった。もう自分にとって何が大切なのかさえわからなくなっていた」[6]

そのころ、ライアンの知らないうちに、25年来の親友のジョシュア・フィールズ・ミルバーンが、ミニマリズムという生き方を発見していた。

きっかけは、亡くなった母親の遺品を整理したことだ。

母親の死と離婚を立て続けに経験したジョシュアは、それをきっかけに人生を見直すことになった。自分にとって、いちばん大切なものは何なのか。

そして、母親の遺品だけでなく、自分の人生でいらないものも処分したのだ。

ジョシュアはライアンにもミニマリズムをすすめた。「家から無駄なものがなくなると、本当に必要なもののための場所ができるんだ」と、ジョシュアは言った。

ライアンは挑戦することに決めた。

しかしその方法は、かなり変わっていたのだが……。

ライアンとジョシュアは、「パッキング・パーティ」を開いた。

2人は9時間かけて、ライアンのマンションにあるものをすべて箱に詰めた。寝室が3部屋もある大きなマンションだ。ここで「すべて」というのは、文字通りの意味だ。キッチン、ダイニング、リビング、ファミリールーム、3つの寝室、クローゼット、よくわからないものがゴチャゴチャと詰まった引き出し、とにかく家中にあるものをすべて箱に入れた。それだけでなく、家具にシーツまでかけた。

ライアンの挑戦は単純だった。何かが必要になったら箱から出す。それだけだ。

そして2週間がすぎたころ、ライアンは衝撃を受けていた。

ほとんどのものが、まだ箱に入ったままだったのだ。つまり、必要ないか、またはめったに使わないということだ。

この実験をきっかけに、ライアンは人生の優先順位を大幅に見直すことになる。

実験開始から数週間後、ライアンは実験を総括してこんなことを言っていた。

「自分の思い込みを疑ったことはあるだろうか？　アメリカンドリームと呼ばれるような人生を送るには、こんな家に住まなければならないという思い込みがあり、子供は2人でなければならないという思い込みがあり、車は2台持たなければならないという思い込みがある。自分の思い込みがどこからきているかはわからないが、無条件で信じなくなってきているのはたしかだ。

　このマンションも、箱に詰めたすべてのものも、思っていたほど大切なものではなかった。箱詰めしたものの中には、本気で必要だと信じていたものがたくさんある。その思い込みを疑いもしなかった。それなのに、まだ開けてもいない箱がこんなにたくさんある。使うこともなく、ただそこにあるだけだ」[7]

　もちろん、ライアンほど過激な一時保管をする必要はない。すべてを箱に詰めるのは非現実的だ。

　それでも、もしかしたらなくてもいいかもしれないと思うものがあるのなら、ぜひ箱に詰めて、しばらく見えない場所にしまっておこう。

　これは、完全に手放す前の移行期間だ。このプロセスをへて、いずれは不要品を処分して、人生を向上させることができる。

29日後にものを処分するかどうか決める

これまで見たように、少ないもので暮らす実験にはさまざまな方法がある。

ここでもう1つの例を紹介しよう。数字の29を使う方法だ。

キムと私は、実験の期間を29日にすることが多かった。なぜ29日にしたのかというと、ちょうどいい長さだと思ったからだ。

1カ月といわれると長く感じるが、29日ならそうでもない。スーパーの安売りで、9ドル99セントのような値段をつけるのと同じようなものだ。たった1セント違うだけで、10ドルよりもだいぶ安く感じる。

それでも、29日は十分に長い時間だ。わが家にとっては、あるものが必要かどうか判断するのに十分な長さだった。

リズが言ったことは正しかった。

たしかに、ものを詰めた箱を、永遠に地下室に置いておくわけにはいかない。もし本当に使わないのであれば、早くチャリティに持っていったほうがいいだろう。

そこで私たちは、期限を決めることにした。そのときに、29日がちょうどいいだろうということになったのだ。

この29という数字は、魔法の数字なのだろうか？

もちろんそんなことはない。それでも、期限を決めることで実験が成功したのなら、それは立派な魔法の数字だ。

29日の間、あるものがなくても問題なく暮らせたのなら、永遠になくてもおそらく問題ないだろう。

自分の所持品の中で、あなたはどんなものを減らしたいだろうか？

さあ、期限を決めて、実験を始めよう。

どんなもので実験するか迷っているのなら、いくつか提案がある。

・洋服

たいていの人が、クローゼットからあふれんばかりの洋服を持っている。そのほとんどを着ないどころか、実は好きでもなかったりする。ただ場所を占領しているだけだ。

そこで、まずはクローゼットからミニマリズムの実験を始めてみたらどうだろう。

持っている服の50パーセントしか実際に着なくても、十分に生活できるだろうか？

それとも25パーセントまで減らすことができるだろうか？　たぶん大丈夫だろう。

それに、クローゼットの中に好きな服しかない状態になったら、朝の身支度もずっと簡単になるはずだ。

前に登場したコートニー・カーヴァーは、3カ月の間、33アイテムの衣料品だけですごすという実験を行った。あなたも彼女のやり方を参考にしてみよう。

または、もっと簡単な方法もある。魔法の数字の「29」を使うのだ。
・実験……クローゼットから29アイテムの衣料品を減らし、29日間は残りのアイテムだけですごす。

・インテリア小物

たいていの家庭で、インテリア小物の大半はいらないものだ。他のインテリアに合う色だったとか、たまたまセールになっていたという理由で買ってきたにすぎない。

残念ながら、家を飾るどころか、むしろ目障りになっていることが多い。

高い美意識を持って、家の中を一通りじっくりと眺めてみよう。

そして、目障りなもの、じゃまなものはすべて取り除く。ものが少なくなったほうが、自分の価値観やスタイルをより鮮明に伝えることができる。
・実験……今から29日間、インテリア小物の29個（または、全体のだいたい29パーセント）を減らす。

・おもちゃ

子供のおもちゃが多すぎると不平を言う親に会うと、私はこう言いたくなる。「そもそも、なぜおもちゃがそんなにたくさんあるのですか？　子供が自分で車を運転して、買いに行くことはできませんよね。家におもちゃが多すぎるなら、それはあなたの責任です」

しかし私は気が小さいので、そんなことは面と向かって言えない。だから心の中で思うだけだ。

それでも、やはりおもちゃは少ないほうがいい。そのほうが、子供の創造性が発達し、集中力の持続時間が長くなり、持っているおもちゃを大切にするようになる。

使っていないおもちゃをどこかに移動するなら、その前に子供に確認しないといけないと思うかもしれない。しかし、放置されているようなおもちゃなら、数週間もすれば子供はすっかり忘れてしまうだろう。でもあなたはずっと覚えている。

掃除のときに、「もうあれを片づけなくてもいいんだ！」と考えるからだ。

・実験……子供のおもちゃのだいたい29パーセントを、29日間どこか目につかないところに置いておく。その間、子供がそのおもちゃで遊びたがるか記録をつける。

・キッチン用品

キッチンの収納スペースはいくらあっても足りないようだ。

しかし、私たちのお祖母さんは、もっと狭いキッチンで、道具もずっと少なかったのに、それでも今よりずっとおいしくて手の込んだ料理をつくっていた。

実際のところ、料理に関していえば、ほぼ例外なくシンプルなほうがいい。調理器具は今よりずっと少なくても十分だ。

キッチンから29個の器具を減らし、29日間どこかにしまっておこう。道具が減ってすっきりしたキッチンのほうが、料理が楽しくできるのではないだろうか?

・実験……29個のキッチン用品をどこかにしまい、そのまま29日間すごす。

・家具

この実験は力仕事になるかもしれない。それでも挑戦する気があるのなら、思い切って家の中の家具を減らしてみよう。すぐに広い空間ができて、風通しもよくなる。

めったに使わない家具は、思ったより家のスペースを占領しているものだ。

もちろんこの実験を行うには、一定期間だけ家具をしまっておける場所が必要になる。しかし場所があるなら、ぜひやってみるべきだ。視界から大物が消えると、効果をすぐに実感できる。

・実験……主な部屋から少なくとも1つずつ家具を取り除き、29日間、倉庫などにしまっておく。

実験中の29日間は、さらにものを増やすことを考えてはいけない。むしろもっと少なくする方法を考えたほうが、より豊かな人生につながるだろう。

過剰に持つことの実験から学べる教訓

聖書によると、イスラエルのソロモン王は、同時代のどの王よりも莫大な富を築いたという。支配下にある王国からの貢ぎ物で、ソロモン王は年に666タレント（およそ25トン）の金塊を手に入れていた。

金の価格が1オンス（約28グラム）あたり1000ドルとするなら、毎年8億ドルの収入があったということだ。しかも貢ぎ物の金塊以外にも、税金と交易の収入まであった。[8]

ソロモン王は派手に稼ぎ、そして派手に使っていた。

ある意味で、ソロモン王も実験をしていたといえるだろう。どこまで減らせるかという実験ではなく、どこまで増やせるかという実験だ。

旧約聖書の「伝道の書」によると、ソロモン王は自分に向かって「さあ、来なさい。何がよきものであるか知るために、快楽を使ってお前を試そう」と言ったという。[9]

ソロモン王は、この「マキシマリストの実験」の結果を次のようにまとめている。

私は大きなプロジェクトを実施した。自分のために何軒もの家を建て、ブドウ畑を開いた。庭を造り、公園を造り、そこにあらゆる種類の果樹を植えた。水路を開き、豊かに茂る木々を潤した。男女の奴隷を買い、わが家で生まれた奴隷も所有している。これまでエルサレムに暮らした誰よりも、たくさんの家畜も所有している。金銀を集め、配下の王国や領土から捧げられた宝も集めた。男女の歌手を手に入れ、自分のためのハーレムもつくった。男にとっての喜びだ。私はエルサレムの歴史でもっとも偉大な男になったのだ。[10]

ソロモン王は、この実験を極限まで押し進めた。

「目が欲しがるものは、すべて自分に与えた」と彼は言っている。[11]

この実験の結果はどうなったのか。

ソロモン王は人生の終わりに、日記に心情を吐露している。王の失望が痛いほど伝わってくる言葉だ。

　私の手が為したすべてのこと、達成するために努力したすべてのことをふり返ると、すべてが無意味で、風を追いかけるようなものだった。[12]

ソロモンはこの実験で、「虚しさ」を発見したのだ。

私がおもしろいと思うのは、ソロモンがやったような実験は、実は現代人のほとんどにとっての日常だということだ（もちろんスケールはかなり小さいけれど）。

私たちもまた、自分のために最大限にお金を使っている。

そしてイスラエルでもっとも豊かな王様と同じように、行き着く先は幻滅と虚しさだ。

ソロモン王の教訓を学ぶべきだろう。

今とは反対の方向に進み、もっと少ないもので暮らす実験をする。生きるために本当に必要なものがわかったら、それ以上はもう持たない。

ものを減らしてできた空間は、ソロモン王でも見つけることのできなかった喜びや満足感で満たされるはずだ。

持たずに暮らしてみるとわかる

私はよく、「必要なもの」と「欲しいもの」はどうやって区別するのかという質問を受ける。

私の答えはいつも同じだ。

「それを持たずにしばらく暮らしてみればわかる」

今のあなたは、必要なものと、そうでないものを見分けるには、実験をすればいいということを知っている。家族がいる人は、家族にもできるかぎり参加してもらおう。

でも実験をするのがあなただけでも、効果は十分に期待できる。

ここで大切なのは、とにかく実行することだ。考えすぎてはいけない。先延ばしもいけない。心配する必要もない。ただ始めればいいだけだ。

堅く考える必要はない。だって、ただの実験なのだから。

もしうまくいかなかったら、そこでやめて、また次の実験を始めればいい。

少ないもので暮らす実験は、ミニマリズムの初心者こそ活用できる方法だ。

自分がどこまでものを少なくできるのかがわかる。

とはいえ、ベテランのミニマリストになってからも、ときどきは実験をしてみるといいだろう。

基準の見直しが必要になったり、環境が新しくなったりしたときに役に立つはずだ。たとえばわが家の場合、いつか子供たちが独立したら、そのときは車を1台に減らすと思う。少なくとも、29日間の実験は必ずやるつもりだ。

本当に必要なものは、実はとても少ない。

実験でそれがわかったとき、あなたはきっと大きな解放感を覚えるはずだ。ものを減らせば、幸せで充実した人生を送ることができる。

第9章

より少ない生き方を維持する

ここまで本書のアドバイスに従ってきたのなら、家の中のものは「ちょうどいい」数まで減っているだろう。

すばらしい。

しかし、その状態を維持するにはどうしたらいいのだろう。

また元の散らかった状態にならないためには、どうすればいいのだろうか?

答えを教えよう。それは、今の状態を維持するための習慣を身につければいいのだ。

一般的に、悪い習慣を変えたいのなら、ただその習慣をやめるのではなく、もっとためになる習慣と置き換えるといいといわれている。

たとえば禁煙に挑戦するときに、煙草を吸う代わりにガムを噛むようなものだ。ただ煙草を吸わないだけでは、手持ちぶさたですぐに喫煙の習慣が復活してしまう。

自然は何もない空間を嫌う。無の空間があると、すぐに何かで埋めようとする。どうやら人間にも同じ性質があるようだ。

家の中にせっかくできた空間をまたガラクタで埋めたくないのなら、ものを減らすだけでなく、減らした状態を維持する方法を確立する必要がある。これはダイエットと同じだ。目標体重に達したら、次の目標はその体重を維持することだ。

ここでは、ミニマリズムを維持するための5つの習慣を紹介したい。

・毎日の掃除の習慣、週1回の掃除の習慣を確立する。
・好きな店の呪縛から解放される。
・余暇の時間で変化を起こす。
・クリスマス、誕生日など、贈り物をする日の危険を回避する。
・すでに持っているものを別の角度から眺める。

まずは、普段の掃除のコツから話していこう。

今から話す10のことだけを行っていれば、いつもきれいな部屋で快適にすごせるはずだ。わが家もすべて実行している。

だから効果があることは保証できる。

掃除をラクにするための10カ条

家の中にものがありすぎてうんざりしている人は、えてして収納家具を増やすことで問題を解決しようとする。これが間違いであることは第2章でも指摘したが、掃除して整理整頓すれば解決するという考えも同じように間違いだ。

実際のところ、掃除や整理整頓だけでは、ものの重圧から解放されることはない。身軽になりたいなら、ものを減らすしかないのだ。

とはいえ、ものをちょうどいい数まで減らしたのなら、そこから先は掃除と整理整頓がカギを握る。

ここでのコツは、日々のルーティンの中に掃除や整理整頓を組み込むことだ。そうすれば、もう散らかることはない。このやり方なら、掃除は決して面倒ではないということがわかるだろう。

そもそも、ミニマリズム生活を送っているなら、片づけるようなものもそんなにないはずだ。すべてのものに目的があり、すべてのものに定位置がある。

1　毎朝ベッドメークする

部屋が散らかるのはあっという間だ。特に寝室は気をつけなければならない。ベッドは寝室の中心だ。それが乱雑な状態では、その周りはあっという間に散らかっていく。そこで、寝室の掃除でいちばん大切なのはベッドメークということになる。毎朝、起きてすぐにベッドメークするのが、きれいな寝室を保つ最善にして唯一の方法だ。

2　食事が終わったらすぐに食器を洗う

使った食器をそのつど手で洗ったほうが、まとめて食洗機で洗うよりも簡単に終わる。食事が終わってすぐに洗っていれば、時間はほとんどかからない。もし手で洗うという選択肢はないというのなら、最低でも食べ終わったらすぐに食洗機に食器を入れること。キッチンに入ったときに、シンクやカウンターに汚れた食器の山ができていたらうんざりするだろう。そこで食事をするなんてなおさらゴメンだ。

3　ゴミの日を活用する

ゴミ収集の日は、チャンスだと思ってできるだけたくさんゴミを出す。地下室のガラクタ、壊れたおもちゃ、賞味期限の切れた食品、オフィスの紙ゴミなど、すべて分別してリサイクルに出したり、燃えるゴミに出したりする。

そのうちにゴミの日が楽しみになってくるかもしれない。

4 クローゼットに空間を保つ

コートやブーツやジャケットが家中に散乱するのには、それなりの理由がある。クローゼットが満杯で、本来しまうべきものをしまう空間がないからだ。クローゼットの床、ハンガーパイプ、棚には、つねに何もない空間を保つようにしよう。そうすれば、本来しまうべきものをしまい、必要なときにすぐに出すことができる。

5 平らな表面には何も置かない

キッチンのカウンター、洗面台、ドレッサーの台、テーブル、机、これらはすべて、油断するとすぐものが山積みになる場所だ。

小さなキッチン家電は、出しっ放しにせずにしまう。小銭はテーブルの上に置かない。レシートを出しっ放しにしない。洗面用品は戸棚にしまう。平らな表面にはつねに目を光らせて、何かが置いてあったらすぐに片づける。

6 1分か2分で終わる作業はその場でやる

部屋が散らかるのは、先延ばしが原因であることが多い。

判断を先に延ばしたり、小さな作業を放置したり。先延ばしのクセに対抗するには、単純なルールを決めればいい。「2分以内で終わる作業なら、その場でする」というルールだ。鍋を洗う、リモコンを元の位置に戻す、洗濯物をカゴに入れる、など。小さな作業をその場ですませていれば、部屋が散らかることはない。

7 読み終わった新聞や雑誌はすぐに処理する

いいレシピを見つけた？　それならレシピだけ切り抜いて、あとはリサイクルに出す。夫が好きそうな記事が載っていた？　それなら記事だけ切り抜き、あとはリサイクルに出す。お得なクーポンがついていた？　それならクーポンを切り取って、あとはリサイクルに出す。新聞や雑誌の山は、何の役にも立たず、部屋が散らかるだけだ。

8 ジャンクメールはすぐにリサイクル

家の中の郵便物の流れを把握する。郵便物が入ってくる場所にリサイクル用の入れ物を置けば、カウンターの上を浸食することもないだろう。その場で捨てれば中を見ないので、広告を見て余計なものを買う心配もなくなる。

9　服はすぐにしまう

かつての私は、床に脱ぎ散らかすようなタイプだった。

しかし今の私は、脱いだらすぐにしかるべき場所にしまっている。洗濯するなら洗濯カゴへ。また着るならハンガーにかけてクローゼットへ。それだけだ。

10　使ったら必ず元の位置に戻す

子供には、1日の終わりに必ずおもちゃを片づけるように言う。

もちろん大人も同じように、自分のものは自分でしまわなければならない。家の中を見て回り、定位置にないものを見つけたらすべて戻す。これを毎晩必ず行えば、毎朝すっきり片づいた家の中で目覚めることができる。

さて次からは、最初からものを増やさないための方法を見ていこう。

つまり、簡単には買えないようなシステムをつくるということだ。

ものを買わないとお金のやりくりから解放される

サラ・ペックはお金のやりくりに苦労していた。

一流大学の建築科の大学院を出ているが、安月給で働きながらサンフランシスコの高い家賃を払っている。毎月かつかつの生活だ。それに加えて、ファッションにうるさい仲間たちのプレッシャーもあり、洋服や美容にお金を使いすぎていることも問題だった。

サラは言う。

「雑誌の表紙に載っているような400ドルの服を買うと、使うお金はそれだけでは終わらないの。もし1カ月の間、毎日違う服を着るとしたら、服だけで1万2000ドルもかかってしまう。冗談だと思うかもしれないけれど、実際に洋服代だけで、クレジットカードの借金が2万ドルとか3万ドルもある人もいるのよ。女性にとって、きれいにしていなければならないというプレッシャーはとてつもなく大きいの」

そこでサラは、1年かけて手持ちの服を減らしていき、最終的に本当のお気に入りのものを少しだけ手元に残すことにした。いらない服やバッグや靴は、すべてチャリティに寄付した。寄付の窓口に20回も通ったという[1]。

しかし、サラの挑戦はまだ続いた。

その1年は、新しい服を買うことも一切やめたのだ。これは前の章で見たような実験ではない。サラはすでに、1年間服を買わなくても暮らしていけると確信していた。

この挑戦の目的は、今までの浪費癖を直し、もっと健全で、責任ある買い物のスタイルを身につけることだった。

服を買わない期間を経験し、サラの人生観は変わった。完全にミニマリズムに移行する決心が固まったのだ。

サラは当時を回想して言う。

「ただ買うのをやめるだけで、人生のコントロールを取り戻したような気がしたの。これは私の人生で、私のやりたいように生きる。この生活を始めると、給料日前でもお金が残るようになった。本当に必要なものを買い、本当にやりたいことに時間を使う自由が手に入った。友達と一緒にすごしたり、趣味のスポーツに熱中したりできる。どちらも私にとってはとても大切なことなの」

サラ・ペックは、1年間まったく服を買わなかったことで、自分にとって本当に大切なものを発見した。

彼女の他にも、自分なりの「買わないルール」をつくり、実行した人がいる。

たとえば、ケイティ・ウォーク＝スタンリーは、下着と消耗品以外は新品を一切買わないというルールをつくり、その生活を8年以上も続けている。[2] アシャ・バレットは、丸1年の間、200日間、新しいものを何も買わなかった。[3] ケイト・フランダースは、丸1年の間、食料品と消耗品しか買わなかった。その実験の間は、テイクアウトのコーヒーさえ買わなかった。[4]

食べ物といえば、ジェフ・シナバーガーと彼の妻は、家にある食料品だけでどれくらい暮らせるかという実験を行った。

結果は、なんと7週間だ。この経験で、2人の買い物の仕方が一変した。

アメリカ各地の人と話していると、自分なりの買わないルールをつくり、実行している人がたくさんいることに気づく。一種の流行にまでなっているようだ。彼らの目的は、一定期間は買わないと決めることで、自分の買い物パターンをリセットすることだ。

あなたも同じことをしてみてはどうだろう。買うのをやめて、自由を手に入れるのだ。短期的には、いらないものまで買ってしまう悪い習慣を断ち切ることができる。そして長期的には、もっと大きな勝利に向けての土台を固めることができる。

ガラクタだらけの人生に逆戻りするのを防ぎ、人生を変える方法は他にもある。簡単に実行できて、大きな効果が期待できる方法だ。実際、私の知っているミニマリストは、みなこの方法を推薦している。

それは、テレビを見る時間を減らすことだ。

浪費の元凶、テレビの催眠術から逃れる

テレビはまるで催眠術師のようだ。視聴者に催眠術をかけ、思い通りに操っている。

次から次へと流れるコマーシャルを見ていると、誰でも必要ないものまで買いたく

なってしまうだろう。

それにテレビ番組の多くも、お金持ちの派手な生活を賛美する内容だ。テレビ以外のメディア、たとえばインターネットの広告も、見る人に必要以上に買わせようとしているところは同じだ。とはいえ、第4章で見たような悪しき消費文化を広めるということに関しては、テレビの右に出るものはないだろう。

ここでもまた、見る時間を減らすことと、まったく見ないことは違う。だから心配はいらない。私が推奨しているのは、テレビを見る時間を減らすことだ。もちろんためになる番組もあるし、それに娯楽それ自体は悪いことではない。わが家にもまだテレビが1台あり、たまに家族みんなで楽しんでいる。しかし、以前に比べれば見る時間は格段に少なくなった。そして、あなたもそうすべきだ。

実践しやすい方法もいくつかある。

「今日から一切テレビを見ない」という極端なやり方のほうが、単純で簡単そうだと思うかもしれない。しかし私にとっては、最初のうちは、見なくてもまったく問題ない番組を見るのをやめるほうが簡単だった。

他人の人生を見るのではなく、自分の人生を生きることのよさがわかってくると、テレビを見る時間を減らすのはますます簡単になる。

まず見なくても問題ない番組のリストをつくり、今日からその番組を見るのをやめよう。または可能なら、絶対に見たい番組を1つか2つ選び、それだけ見るという方法のほうがさらにいいかもしれない。

とにかくここで決めたルールに従い、それを29日間続ける。

もう1つのステップは、家の中にあるテレビの数を減らすことだ。

ミニマリズム以前のわが家には、テレビが4台あった。

しかし今となっては、2台以上持つなんてありえないと思っている。キッチンからテレビがなくなると、料理の楽しさが実感できるようになった。そして寝室からテレビがなくなると……（この先は妻の検閲で削除された）。

テレビ視聴のミニマリズムは、1人でやってもかまわない。

家族はまだ、今まで通りにテレビを見たがるかもしれない。または、そもそもテレビが問題だとは思っていないかもしれない。それならそれでかまわない。

まずは自分の人生で変化を起こそう。ガンジーの言葉を借りるなら、家族に起こして欲しい変化を、まず自分で起こすということだ。

ここは私を信用してもらいたい。最初はつらいかもしれないが、時間がたてばまったく平気になる。テレビを見るのは、強制されたクセのようなものだ。

テレビは、「絶対に見逃せない！」などと、大胆な自己宣伝をくり返している。そして極めつけは、「みんなが見ている！」という殺し文句だ。

これを聞くと、誰もが不安になって見てしまう。

だが意識してテレビを見ないようにすると、テレビのあおりや脅しにも動じなくなってくる。そもそも目にする機会が減るからだ。

そしてすぐに、テレビを見なくても困らないことに気づくだろう。

テレビを見る時間を減らすのは、人生を変えるもっとも簡単な近道かもしれない。

本当に必要な贈り物だけに減らす

季節の贈り物や、誕生日の贈り物は美しい伝統だ。

喜びを広め、いい思い出をつくることができる。人との絆も深まる。私自身、贈り物の習慣は愛を伝える手段として尊重しているし、完全に廃止するべきとはまったく思っていない。それに、贈り物をもらうのも大好きだ。

しかしそうはいっても、社会が豊かになったせいなのか、最近の贈り物の風潮はさすがに行き過ぎではないだろうか。

1年の間にやりとりされる贈り物について考えてみよう。

アメリカ人は、年末のホリデーシーズンだけで、平均して1人あたり800ドルも消費するという。[6] それに加えて、たいていの人が、誕生日に複数の贈り物をもらっている。それ以外にも、バレンタインデー、イースター、母の日、父の日、敬老の日、さらには上司の日まである。もちろん、結婚記念日、出産祝い、新築祝い、卒業祝い、快気祝い、何かのお礼、成人式なども忘れるわけにはいかない。

すべての「贈り物をする日」の裏には、それで儲かる人たちが存在する。

こうなると私たちミニマリストは、両手をあげて「もう勘弁してください!」と叫ぶしかない。

ものをこれ以上増やしたくないと思っているのに、「贈り物」という形でどんどんものが入ってくる。これを止めるにはどうすればいいのだろうか?

贈り主の気持ちも考えなければならないので、これはなかなか難しい問題だ。

とはいえ、ルールを決めて、贈り物の数と種類を制限することは可能だ。

次のようなルールを参考にしてもらいたい。

・自分の欲しいものを早めに伝える

贈り物をする人は、たいてい相手の希望やライフスタイルに合ったものを贈りたいと思っている(いつもその通りになるわけではないが)。

ホリデーシーズンや誕生日、記念日のだいぶ前から家族に欲しいものを伝えておけば、不要品を増やさずにすむ。さまざまな価格帯から候補を選び、リストをわたしておこう。候補を選ぶときは、「量よりも質」「欲しいものよりも必要なもの」「品物よりも経験」という基準で決めることをおすすめする。

・チャリティに寄付する

人が贈り物をするのは、相手への愛を伝えたいからだ。しかし、何かを買って相手に所有してもらうことだけが、愛を伝える手段ではない。最近は、贈り物を買うお金をチャリティに寄付することで、贈り物の代わりにしてもらう人も増えてきているという。あなたもこの方法を試してみたらどうだろう。必要のない新しいセーターに消えるはずだったお金が、外国に暮らす子供の学費になり、その子の人生を変えるかもしれない。これはすてきなことではないだろうか。

・家族に押しつけない

ミニマリストになる決心をしたとしても、すぐに家族の理解を得られることを期待してはいけない。特に、過去に何かに熱中してから冷めたという経験があるのなら、すぐには信用してもらえないだろう。それでも真剣に続けていれば、いずれ家族も、これがあなたの新しいライフスタイルなんだとわかってくれる。

そうすれば、贈り物の習慣も、あなたに合わせて変わってくるはずだ。

・罪悪感を持たずに処分する

価値のある贈り物と、ガラクタにしかならない贈り物を選別するのは簡単な作業ではない。子供がもらったおもちゃは特に難しく、一時の熱狂で終わるか、それとも長く楽しめるかを見極めるのに数カ月かかることもある。時間をかけて判断しよう。

そして、贈り物の本当の価値がわかってきたら、不要なものを処分する。

そのとき、罪悪感を持つ必要はない。誰か他の人のものになったほうが、ものの使命をまっとうできるかもしれない。贈り主の立場であれば、あげたものをどうするかは相手の自由だということを理解する必要がある。

・自分が贈るときも、相手の希望を聞く

自分がもらうときは、欲しいものをもらえることを期待するだろう。

だから自分が贈るときも、相手の希望を尊重するようにする。自分なら品物よりも経験のほうが絶対にいいからといって、家族も同じように思っているとはかぎらない。

靴が欲しいと言われたら、靴を贈ろう。誕生日プレゼントはデパートの商品券がいいと言われたら、相手の望みをかなえよう。贈り物をするのは、愛と感謝の気持ちを伝えるためだ。消費主義に異を唱えたいのなら、別の機会にしよう。

「足るを知る」と感謝の気持ちが育つ

ものを減らし、その状態を維持したいと思っているなら、消費社会の誘惑に打ち勝ち、今あるものに感謝する心を持たなければならない。

ものがたくさんなくても、感謝することはできる。

私はこれまでに、世界各地の発展途上国を訪れてきた。現地の人の貧しさも実際にこの目で見ている。アメリカの基準で考えれば、信じられないような貧困生活だ。しかし、どんなに貧しい生活を送っていても、今あるものに感謝し、満足して生きている人はいる。

たとえば、エルサルバドルのサンサルバドルに行ったときのことだ。

私は、母親と、15歳と3歳の娘が暮らす家を訪ねた。部屋が1つしかない家には、ほとんど何もなかった。収入源は、庭で飼っている6羽のニワトリが生む卵だけだ。

それでも一家は、私を心からもてなしてくれた。あれは人生でいちばん嬉しいおもてなしだった。

感謝の心は誰でも持つことができる。周りの状況は関係なく、自分で選択することだ。

とはいえ、現実問題として、感謝の心を持ちやすいときと、持ちにくいときがあるのは事実だ。快適な家があり、おいしいものを食べ、子供は成績優秀で、すべてが望み通りに進んでいるなら、感謝するのも簡単だろう。

しかし、そうはいかないときもある。

人生の嵐に見舞われたときは、感謝の気持ちはなかなかわいてこない。それでも、そういうつらい時期こそ、感謝の心を持たなければならない。人は感謝することで強くなり、前向きになり、広い視野で物事を眺められるようになるからだ。

つまり感謝の気持ちは、偶然の反応ではなく、意図的な習慣にしてこそ価値がある。

普段の心がけで、感謝の気持ちを育てることは可能だ。たしかに簡単なことではない。うまくいっているときも努力が必要であり、うまくいっていないときはさらに大きな努力が必要だ。しかし、感謝の心を持てるように普段から自分を鍛えていれば、必要なときに感謝できるようになる。

感謝の気持ちが、全体的な幸福感につながることを知っていただろうか？

感謝する人は幸せだということは、科学的にも証明されている。

「感謝の心を持つと、気持ちが前向きになり、いい経験を楽しむことができ、健康状態が向上し、逆境に強くなり、強固な人間関係を築ける」[7]とのことだ。それに加えて、感謝の気持ちが大きい人は、物欲が平均より小さいという[8]。

感謝の気持ちは、感情ではなく規律だ。努力して身につけるべき習慣だ。

感謝できる人になるための方法をいくつか紹介しよう。

・小さな喜びを見つけ、感謝する。
・過去のいい出来事を思い出す（特に今がつらい時期にある人は）。
・短くてもいいので、感謝の日記を毎日つける。
・ちょっとした不便な思いをしているときに、感謝の心を持つようにする（たとえば、赤信号で待っているとき、行列に並んでいるときなど）。
・お祈りをするなら、神への感謝の言葉を具体的に述べる。

感謝の心を持つと、自分の立場を客観的に眺められるようになる。立派な人を心から賞賛できるようになる。現在の状況に関係なく、自分の幸運を見つけられるようになる。人生のあらゆる面で、健康や幸福度が向上する。

つまり感謝の心を持つのは、満ち足りた人生を手に入れる確実な方法だということだ。

物欲から解放されると新しい習慣が身につく

所有物を少なくするのはいいことだ。

しかし、それよりもさらにいいことがある。

もしかしたらあなたも、すでに発見しているかもしれない。

それは、ものを欲しがらなくなることだ。

物欲から解放されると、この上なくすがすがしい気分になれる。

消費文化はオズの魔法使いと同じだ。「カーテンの後ろにいる男は気にするな！」と言って、私たちに本質を見せないようにしている。

それでも、私たちはカーテンの後ろを見てしまった。過剰な物質主義は、それほどいいものではないということを知ってしまった。ものがなくても幸せになれる。もう昔の生き方には戻らない。ものの少ない生活のすばらしさを知ってしまったからだ。

私たちは、新しい価値観を手に入れ、新しい習慣を身につけた。

・毎日片づけと掃除を行い、きれいな状態を維持する。
・「一定期間は買わない」という実験を行う。
・テレビを見る時間を減らす。
・贈り物の習慣を見直す。
・訓練で感謝する心を身につける。

以上の5つの習慣を身につければ、もう大量のものを抱え込んでいた昔の自分に戻ることはない。できれば5つのすべてに挑戦してもらいたい。

ミニマリズムに役立つ習慣を他にも思いついたら、ぜひ挑戦してみよう。

家族と一緒に暮らしているなら、もう1つ大切なことがある。

それは、家族にもミニマリストになってもらうことだ。

次の章では、その方法について見ていこう。

第10章

家族でより少ない生き方をする

講演などでミニマリズムについて話すときは、ミニマリズム初心者からの質問を受け付けるようにしている。質問を聞けば、ミニマリズムに対する疑問や不安がよくわかるからだ。

今まで特に印象に残っているのは、家族に関する質問だ。代表的な質問を紹介しよう。

「ミニマリズムのよさについて、私は納得しました。でも妻（または夫）は、絶対にものを減らすことに賛成してくれないでしょう。家族で自分だけがミニマリストになっても、意味はないのではないでしょうか？　パートナーを説得するにはどうすればいいですか？」

「うちにはまだ小さい子供がいます。ミニマリズムという言葉の意味も理解できないでしょう。ただ、新しいおもちゃがたくさん欲しいだけです。おもちゃを減らそうとしたら、きっと金切り声で抵抗します。どうしたらいいですか？」

「娘はもうすぐ17歳になります。おしゃれが大好きで、友達が持っているものは何でも欲しがります。娘だけ違う格好をさせるのは、かわいそうではないですか？ それに、今さら娘にミニマリズムを教えても遅すぎると思います。すぐに家を出るのですから」

あなたも同じようなことで悩んでいるだろうか？

家族がいる人は、きっと今すぐにでも家族をミニマリストにしたいと思っているだろう。シンプルな暮らしを実現するには、家族の同意が必要だ。また、今は一人暮らしだが、いずれ家族を持ちたいと思っている人でも、この章の内容は役に立つだろう。

私は何年も前から、家族を相手にミニマリズムの指導をしてきた。

だから自信を持って断言できる。

ミニマリズムに、家族も巻き込むことは可能だ。

家族全員が、ただものを減らすことに賛成するだけでなく、むしろものの少ない生活を楽しみにするようになる。

時間はかかるかもしれない。しかし、家族を説得し、こちらの考えを伝え、現実的なステップを積み重ねていけば、家族全員でミニマリストへの道を歩いて行くことができる。

この章では、その具体的な方法を紹介していこう。

問題のメンバーがパートナーでも、幼い子供でも、大きくなった子供でも、解決策がきっと見つかるはずだ。

家族をミニマリストにするのは、犠牲を強いることではない。むしろ愛情表現だ。

あなたにとってのミニマリズムは、人生に豊かさと自由をもたらしてくれるものだろう。それはパートナーや子供にとっても同じだ。

彼らもミニマリズムの恩恵を体験できる。ストレスが減り、満足感が増し、本当に大切な夢を追いかけることができるようになる。

あなたが大切な家族に望むのは、まさにそれではないだろうか？

ミニマリズムは、あなたが家族に与えられる最高のものの1つだ。

挑戦を前にして尻込みしてはいけない。家族を愛する気持ちをモチベーションにしよう。愛する家族が、シンプルな暮らしの恩恵を受けられるようになるために、今すぐに始めよう。

自分が見本となって家族に我慢強く説明する

ミニマリズムという生き方を選ぶと、さまざまな人から反論されることもある。それは友達かもしれないし、同僚かもしれないし、両親かもしれない。

ここで、本来は自分のいちばんの味方である人が、いちばん大きな反対者だったとしたら？　パートナーが新しいあなたを受け入れてくれなかったら、いったいどうすればいいのだろうか。

2人が一緒に住んでいるという事実が、さらに事態を複雑にしている。同じ家に住んでいるということは、同じものを共有しているということでもあるからだ。

まずは話し合いだ。ミニマリズムについて説明し、自分がそれに魅力を感じる理由を説明する。この本をパートナーにも読んでもらう。ミニマリズムが2人の生活をどのように向上させるのか、具体的に描写するのだ。

ここで大切なのは、ものがたくさんある生活を攻撃しているわけではないと、はっきり伝えることだ。あなたは相手を愛しているからこそ、ミニマリズムを取り入れて生活を向上させてもらいたいと思っているのだ。そして、自分だけが話すのではなく、相手の言い分にもきちんと耳を傾けること。

この話をするタイミングには注意が必要だ。

パンパンに詰まったクローゼットや、ものがあふれて閉まらなくなった引き出しを見て思わずカッとなったのなら、それは相手を説得するのに適したタイミングではない。どうしても相手を責めるような言葉になってしまうからだ。

2人とも落ち着いているタイミングを狙ったほうがいい。

コーヒーを飲んでいるときや、外食をしているときに、ミニマリズムについて学んだことを話し、それが2人の生活をよくすることを説明してみよう。

いつでもミニマリズムの利点に焦点を当て、明るい未来を描くようにしよう。

そして忘れてはならないのが、たった1回の会話では終わらないということだ。

相手を説得するまでに、何度も話し合うことが必要になるだろう。

だから、最初のうちはしぶっていても、押しつけがましくならないように注意しながら伝えよう。いくつかの誤解を解き、意見の相違を克服できれば、相手にもミニマリズムのよさが見えてくるはずだ。

そのときに、パートナーの所有物を許可なく処分してはいけない。

どんなに処分したくなっても、絶対にがまんすること。まずは自分のものから始めよう。共有スペースは浸食せずに、自分のものだけを最小限まで減らす。

自分の不要品を処分するだけでも、家の中がずいぶんすっきりするはずだ。

自分のものだけを減らすのは、パートナーの反対にあって妥協した結果ではない。むしろ、ミニマリズムのすばらしさを実演する1つの方法だ。行動は言葉よりも雄弁に物語る。あなたの身の回りがすっきりすれば、それが何よりの説得材料になるだろう。

2人で使っているクローゼットのうち、あなたのスペースだけがきれいになれば、80対20の法則について長々と説明するよりもずっと効果がある。相手が探し物をしているときに、何も置いていないあなたの机やナイトスタンドを見れば、きっとミニマリズムが魅力的に思えてくるはずだ。

ここでは、まず自分が見本になることが大切だ。

私たちはよく、黙って見本になるだけでは相手に伝わらないと思い込み、ただこちらの意図を押しつけようとしてしまう。だがここは辛抱強く、自分のミニマリズム生活を続けよう。努力はいつか報われる。

ある女性は、夫がミニマリズムを受け入れるまで、なんと5年もかかったという。見本の効果をすぐに期待してはいけない。ただ毎日、休むことなく見本を示すことが大切だ。時間がたつにつれて、パートナーとの間に、減らしていいものについての合意ができてくるだろう。

家の中には、ものを減らすことに賛成してもらいやすい場所というものがある。ものの詰まった引き出し、リネンクローゼット、キッチンのカウンター、ガレージといった場所は、どんなにものをため込むのが好きな人でも、何かを減らすことに同意してくれるはずだ。

家の中で特に整理したい場所があったら、そのことをパートナーに話してみよう。たとえば、「洗面所の戸棚にものがありすぎると思うんだけど、整理してもいい？」というように尋ねる。そうやってこちらの要望を具体的に伝えれば、相手は驚くほど協力的になってくれるはずだ。

パートナーがあまり積極的でない場合は、一部屋だけ（または、部屋の一角だけでもいい）、自分の好きなようにミニマリズムを実行するという方法がある。この場所だけは、不要品が完全に撤去されていて、気を散らせるようなものは一切ない。

ここはあなたの聖域だ。ここにいれば心が落ち着き、パートナーとしても、親としても、自分にできるかぎり最高の存在になれる。この場所だけは、なんとしても守り抜こう。パートナーがミニマリストになるまでは、この場所を大いに活用するのだ。

健全な関係を維持するためには妥協も必要

妻のキムと私にとって、ミニマリズムは2人の共同作業だ。

とはいえ、問題がまったくなかったわけではない。何を処分するか、何を残すか、何を買うかということについて、意見が合わないことが何度もあった。

ミニマリストになった当初から、たとえば私が所持品の80パーセントを処分したいと言うと、妻は60パーセントだと言う。これくらいの意見の違いだったら、最初のうちは処分もスムーズに進むが、あるレベルに達すると、私はもっと処分したいのに、妻はもう減らしたくないという事態になる。

特に記憶に残っているのが、ミニマリストになると決めてから4カ月たった8月22日のことだ。日付まで正確に覚えているのは、その日が息子の誕生日だからだ。

私たち夫婦は、息子のためにスポーツをテーマにしたパーティを開くことにしていた。その1週間前、私は妻に何も言わずに、キッチンの引き出しを掃除した。そのときに、スポーツ用品の形をしたゼリー型を捨ててしまった。キムが息子の誕生日で使おうとしていたものだ。妻はゼリー型がなくなっていることを発見すると、悲痛な叫び声を上げた。

あの日に学んだ教訓を、私は今でも大切にしている。

人間というものは、自分のガラクタよりも、他人のガラクタのほうが目につくのだ。本人の許可を取らずに人のものを処分するのは、絶対にやらないほうがいい。

それよりも、まずは自分のガラクタに集中すること。人のものに手を出してはいけないし、家族で共有しているものも勝手にいじってはいけない。

夫婦で100パーセント合意することはめったにない。

健全な関係を維持したいなら、こちらが引いて妥協することも大切だ。

ミニマリズムも例外ではない。キムと私は今になっても、ミニマリズムのことで意見が対立することがある。2人の意見が合わない代表的な分野は、洋服と、子供のものだ。それでも、同意できる分野では協力し、ずっとすっきりした家を維持してきた。

あなたとパートナーにも、同じことができるはずだ。

子供がいる人なら、次の大切なステップは、子供とミニマリズムについて話し合い、同意してもらうことだ。子供に大切なことを教えるときはいつもそうだが、ここでも夫婦で共同戦線を張る必要がある。

子供と話す前に、夫婦で事前に話し合っておかなければならない。

そのうえ小さな子供と、ティーンエイジャーの子供では戦略が違ってくる。

ここではまず、小さな子供の説得から考えていこう。しかし、子供の年齢に関係なく、必ず覚えておかなければならないことがある。

それは、「要求する前に、自分でやる」という原則だ。

子供に買い物を減らしてもらいたいなら、まず自分の買い物を減らす。子供にいらないものを寄付してもらいたいなら、まず自分のいらないものを寄付する。

親が年に2回しか使わないようなボートを所有しているなら、なぜ子供は自分のおもちゃを手放さなければならないのだろうか？

親のクローゼットが満杯になっているなら、なぜ子供は着られなくなった服を集めて寄付しなければならないのだろうか？

ミニマリズムへの道でパートナーを味方につけたら、すっきりした暮らしのすばらしさや、ミニマリズムが達成可能な目標であることを、子供たちに身をもって証明することができる。彼らから恨まれることもないだろう。

小さな子供に少ないことの大切さを教えるには

キムと私がミニマリストになったとき、2人の子供はそれぞれ5歳と2歳だった。現在は13歳と10歳になっている。2人は、近所の友達の家に比べ、かなりものが少ない家で成長した。2人ともこのライフスタイルに満足していて、惨めな思いはまったくしていない。むしろとても豊かな人生を送っている。

2人とも、きっと想像力と向上心と独創性にあふれた大人になってくれるだろう。

私たち夫婦にも失敗はあった。それはどの親も同じだろう。

しかし私たちは、これまでに大切なことも学んできた。

今のところいちばん大切なのは、「子供がいる家庭でミニマリストになるのは難しいが、子供がいる家庭こそミニマリストにならなければならない」という教えだろう。自分を律することのできない子供は、たいてい自分を律することのできない大人になるからだ。

とはいえ、具体的にはどうすればいいのだろうか。

方法は子供の年齢によって違ってくる。ともかく何歳であっても、パートナーを説得したときと同じように、最初はこちらから教える必要がある。

最初の説明が終わってからは、小さな子供が相手なら指示を出す方法を使い、ティーンエイジャーが相手なら言葉で納得してもらう方法を使う。

小さな子供は、おそらく「ミニマリズム」という言葉自体を聞いたことがないだろう。もちろん、考えたこともない。

そこで、まずはミニマリズムの何たるかを簡単な言葉で説明することから始める。

お父さんとお母さんがミニマリズムという生き方を選んだ理由を説明し、ものを減らすとどんないいことがあるか具体的に描写する。小さな子供は、たいてい大人が思っているよりも賢いものだ。あなたの子供も、ものを減らすのは何かの罰ではなく、自分を愛しているからだということを理解するだろう。

子供の質問や不安にはきちんと耳を傾け、誠意を持って答えること。もう何も買わないわけではないと説明し、子供を安心させる。

ただ、これからはもっとよく考えてから買うようになるだけだ。それに加えて、子供たちがもう使わなくなったものを処分する。

子供がミニマリズムの目的を理解し、全面的にではないにしても協力する意思を示したら、子供の所有物の中から、明らかに不要なものを処分する。たとえば、着なくなった服、遊ばなくなったおもちゃ、読まなくなった本、使わなくなった工作の道具などだ。

子供自身も、これらのものがなくても生きていけることに気づくだろう。そこから子供も自分で、「本当に必要なものは何だろう?」と考えるようになるかもしれない。親であるあなたは、小さな子供の柔軟さにきっと驚くだろう。

彼らはミニマリズムの精神をすぐに吸収し、自分なりに工夫しながら、ものを減らす作業を断固として進めていくはずだ。あっという間に、小さなミニマリストの誕生だ。

子供がミニマリズムを身につけ、自分の力ですっきりした空間を維持していくには、規則を決めるといいだろう。買っていいもの、持っていていいもの、買ってはいけないもの、持っていてはいけないものを明確に決める。

たとえばうちの娘の場合は、おもちゃはクローゼットに入る量まで持っていていいと決めた。また、絵や工作などは、ベッドの下に置いたプラスチック容器に入る量まで。決められた場所に入りきらなくなったら(いずれ必ずそうなる)、取っておくものと手放すものを本人に決めさせる。

わが家の場合、その決定のための話し合いはだいたい年に2回のペースで開かれる。限度を決めるのは誰にとっても有効な方法だが、物事を抽象的に考えない小さな子供には特に効果がある。限度が決まっていれば、お金や場所や時間には限りがあることを理解するだろう。自分が何をすればいいかがわかり、何を期待できるかもわかる。

親であるあなたは、この「限度」という概念を有効に活用し、子供が限度をきちんと守ったらほめてあげよう。

限度を守ったごほうびは、たとえば何か楽しいことをするといい。

親がミニマリストになっているなら（もちろんそうでなければ困る。自分が手本になって導くということを忘れないように）、すでにお金の蓄えや、時間の余裕ができているはずだ。そのお金と時間を使って、家族で何か楽しい体験をしよう。

海、テーマパーク、小旅行に出かけるのはどうだろう。

ただし、そのために蓄えのすべてを使うことはない。特にまだ借金を返済している途中なら、あまり散財しないほうがいい。

それでも、楽しいことをしてミニマリズムの恩恵を実感すれば、子供もこの新しい生き方に納得し、積極的に参加するようになるはずだ。

親が限度を決めないと子供はずっと欲しがる

「ジョシュア、僕にはもうどうしたらいいのかわからないよ。何をしても娘は満足しないんだ」

友人のサンティアゴからこう言われると、私は思わず椅子の中で姿勢を正した。

サンティアゴは私より2歳ほど年上で、経済的には私よりもかなり豊かだ。私よりもはるかに稼ぎ、たくさん車を持ち、大きな家に住み、いろいろなおもちゃを持っている。

その日はダウンタウンのおいしいレストランで食事をしながら、結婚や子育てについて話していた。会話の中で、サンティアゴの小学生の娘の話題になった。

彼は難しい顔をしていた。

「僕にはわからない。娘はゲームだってたくさん持っているし、人形だってたくさん持っている。娘のおもちゃを収納する専用の部屋まであるぐらいだ。それでもいつも不満そうなんだ。口を開けばつまらない、退屈だと言っている」

そこで、彼は話題を変えた。子育ての話をしているとよくあることだが、サンティアゴも自分の子供時代の話を始めた。

「僕が子供のころは、何も買ってもらえなかったよ。うちはものすごく貧乏だったんだ。おもちゃは3つしか持っていなかった。それも自分専用ではなく、3人の兄弟で共有していた。それでも、僕たちはあるもので満足していたよ。実際、とても楽しかった。親に何か買ってくれと頼んだ記憶さえない」

私には答えがわかっていた。この問題については前から考えていて、ちょうど本も出したところだったからだ。

「もしかしたら、娘さんがいつも不満なのは、おもちゃがありすぎるからじゃないかな」と、私はサンティアゴに言った。

「こう考えてみよう。きみが子供のころは、おもちゃが3つしかなかった。でも、それよりも重要なのは、この先もずっと3つだと知っていたことだ。だから、あるもので楽しむ方法を自分で考えなければならない。きみの場合は、それ以外の選択肢がなかった」

サンティアゴはうなずきながら聞いていた。

ここまでは理解してもらえているようだったので、私は続けた。

「一方で娘さんは、まったく違う状況にある。何かが欲しくなると、それがコマーシャルで見たものでも、友達が持っているものでも、親に頼めば買ってもらえる。つまり娘さんの幸せは、次に買ってもらう新しいおもちゃの中にあるんだ。そして、そういう状況をつくったのは、他ならぬきみ自身だ。今持っているおもちゃの中に幸せを見つけなければならないとなったら、娘さんもそうするんじゃないかな。でも現状では、次に買うおもちゃが幸せを運んでくれると思うしかない」

サンティアゴは悲しそうな顔をした。私の言う通りだとわかっていたからだ。親である自分の行いのせいで、娘は悪しき物質主義に染まってしまったのだ。

すべての親が覚えておかなければならない。

子供には、限度を決めてあげることが必要だ。

親が限度を決めてあげないと、子供はずっと欲しがるだけだ。

そして、ものを持ちすぎることの弊害を教わらないまま大人になると、「過剰なライフスタイル」という現代人の問題を、無自覚にくり返すことになる。

ものを持ちすぎるのは、人生の重荷になる。あなたは自分の子供に、そんな重荷を背負わせたいのだろうか？　子供が小さいうちから、ものの少ない暮らしのよさを教えてあげよう。ものが少ないほうが、実際に楽しいのだから。

ミニマリズムを教えるのは、子供に愛を伝える最高の方法の1つだろう。

10代に教えるのは簡単ではないが、大切なこと

私の経験からいえば、小さな子供ならわりと簡単にミニマリストにすることができる。

しかし、相手がティーンエイジャーとなるとそうはいかない。かなりの抵抗は覚悟す

るべきだろう。

とはいえ、彼らが自立するまであと数年しか残されていない。この貴重な時間を使って、シンプルなライフスタイルを身につけさせるのはとても大切なことだ。

私はこれまで、ネブラスカ、ウィスコンシン、バーモント、アリゾナの教会で、ティーンエイジャーを相手に仕事をしてきた。

だから彼らのことはよくわかっている。彼らがミニマリズムを嫌う理由もよくわかる。あの年ごろの子供は、友達と同じであることが承認される条件だ。

広告業界も意図的にティーンエイジャーをターゲットにして、生涯にわたって続く消費の習慣を植えつけようとしている。それに加えて、彼らもそろそろ親の支配を離れ、自分で決める範囲を広げたくなる年ごろだ。もう大人の言うことをあまり尊重しなくなる。特に親の言うことには耳を貸さない。

ティーンエイジャーの子供を持つ親なら、かなり手強いという覚悟はできているだろう。しかし、今のうちにミニマリズムの価値観を教えるのは、とても大切なことだ。

彼らは将来、大きな人生の決断を下していかなければならなくなる。

自分のクレジットカードを持てる年齢になったときに、節度を持って使う態度を身につけておかなければならない。お金の使い方や金銭感覚を決める要因はさまざまだが、ティーンエイジャーならまだ修正が可能だ。

私は先日、地域の子供を持つ親、メンター、コミュニティのリーダーなどを集めて、ティーンエイジャーにミニマリズムを教える方法について話し合った。みんなでアイデアを出し合うのは大切なことだ。そこで出た意見をいくつか紹介しよう。

・若者の理想主義に訴える

多くのティーンエイジャーは、世界をいい方向に変えたいと思っている。

しかし大人はたいてい彼らを誤解し、彼らの理想主義をくじくようなことまでする。むしろ、後押ししてあげなければならないのに。ミニマリズムでどんなことが可能になるかを話せば、彼らはただ物欲のままに生きる大人ではなく、大きな夢を見る大人になるだろう。

・高価なものは自分のお金で買わせる

親であれば、食べ物、衣服、家など、子供が生きるために必要なものは提供しなければならない。その他にも、ちゃんとした理由があるなら、贈り物もあげるべきだ。

しかし、高価なものを自分のお金で買うという体験をさせると、ものをより大切にするだけでなく、欲しいものを手に入れるには努力しなければならないということも学ぶだろう。

・広告の裏を見抜く力をつけさせる

この世から広告はなくならないし、まったく見ないで暮らすこともできない。だからあなたの子供も、広告にだまされないようにする知恵を身につけることが必要だ。「この広告で、企業は消費者に何を買わせようとしているのだろう？　これを買ったら、本当に広告で言っているような効果はあるのだろうか？」などと尋ね、彼らの意識を高める。

・仲間を見つける

子供がティーンエイジャーになると、親としてのあなたの役割は大きく様変わりする。たいていの家庭で、この年ごろの子供は親から独立したいという意思表示を始める。

しかしだからといって、大人の言うことをまったく聞かなくなるというわけではない。スポーツチームのコーチ、メンター、教会のリーダーなど、地域で尊敬されていて、なおかつミニマリズムに賛同している人を仲間にして、自分の子供と話をしてもらうという方法もある。

・責任を持たせる

親であれば、子供のために何でもしてあげたいと思うだろう。

しかしそうすることで、子供が責任感を身につけないまま大人になるというリスクもある。現在の生活を維持するのは大変なことだ。ローンの返済、庭の芝刈り、車の整備と洗車。洗濯したらたたんで収納し、部屋の掃除もしなければならない。

この責任を、子供たちにも体験させよう（ヒントはお手伝いだ）。

・異なる世界を見せる

私は今までに、ティーンエイジャーを連れて世界の貧しい国を訪れたことが何度かある。彼らはみな、生活レベルのあまりの違いにショックを受けていた。それだけでなく、貧しい暮らしでも人々がとても幸せそうにしていることに気づく。

子供に貧しい国の現実を見せれば、自分たちが暮らす豊かな国をふり返り、その消費主義の愚かさに気づくかもしれない。こういった学習旅行を主催している団体が近くにあるなら、子供を参加させることを考えてみよう。

・大切なのは、本人の人間性だと教える

物質的なものよりも、立派な人間性のほうが、よっぽど価値のある資産だ。

この真実を信じよう。そして、自分がまずその生き方を体現しよう。そしてチャンスがあるたびに、この価値観を教えるようにしよう。

いずれにせよ、ティーンエイジャーを相手にするときは忍耐が肝心だ。粘り強く、首尾一貫したメッセージを伝えていかなければならない。年齢がいくほど、ミニマリストに変わるのは難しくなる。

そもそも、あなたも私と同じパターンだったのなら、ものの少ない生活のよさに目覚めるまでに30年もかかったのだ。だから、わずか30分ほどで理解することを子供に期待するのは、愚かというものだろう。30日だって難しい。

しかし粘り強く続ければ、ティーンエイジャーの子供も、ミニマリズム生活の身軽さや自由の魅力に気づくようになる。今すぐにはわからなくても、ミニマリストの価値観を教えておけば、大人になってから役に立つことがきっとあるだろう。

10代で気づいたより少ない生き方

仏教が教えるミニマリズムに興味を持ったとき、ジェシカ・ダンは15歳で、イギリスで両親と一緒に暮らしていた。

「本を読んで、すぐに夢中になったの」と、ジェシカは言う。

「すごく理にかなった考え方だと思ったから。幸せになるために、物質的なものは必要ない。みんなものが増えれば幸せになれると思っているけれど、本当は違うの」

しかし、ジェシカがミニマリズムに目覚めたのと同じころ、両親の収入がかつてないほど増えていた。そして、支出も比例して増えていた。

ジェシカは当時を回想する。

「大きな家を買って、たくさん服を買って、新しい車を買って、最新の電子機器を買った。とにかく、収入が増えた人が買うようなものは、何でも買っていたの。常軌を逸していたわけではないけれど、そうやって買ったものの多くは、ただ家の中でホコリをかぶっていた。私が特に後悔しているのは、父に大きなエクササイズマシーンを買わせたことなの。結局、誰も使わなかったのよ。家の中のものがどんどん増えて、部屋がどんどん狭くなっていった。自分の家にいても、ものがありすぎてまったく落ち着けなかった」

私はジェシカに、ミニマリズムに対する友達の反響について尋ねた。

「ときどき、友達と私はまったく別の世界に生きているような気分になるの。みんないろんなことを心配している。流行の服を着なくちゃとか、私にとってはどうでもいいことばかり。最初のうちは、そんなに心配することないとか、物質主義にとらわれるのはよくないとか、世界にはもっと大切なことがたくさんあるとか言っていたんだけど、まったく聞いてもらえなかった。だから私も、もう何も言わなくなったの。言う相手を間違えていたみたい」

そこでジェシカは、ブログを始めることにした。ブログのタイトルは「ミニマル・スチューデント」で、ミニマリズムについての自分の考えや、日々の実験について書いている。[1] そしてブログを通じて、ミニマリズムを実践している同年代のグループと知り合うことができた。

大学に進学が決まって家を出るとき、ジェシカの荷物は車のトランクにすべて収まった。彼女はシンプルな生活の自由を満喫し、生きるために本当に必要なものは少ないということを日々実感していた。

大学に入ってからもさらにものを減らし、1年後にはついにスーツケース1つに収まるようになった。それから彼女は、日本に1年滞在した。

「あれは最高の1年だった」とジェシカは言う。

「たくさんの新しいものを見て、楽しい体験をして、おいしいものを食べた。荷物が少ないのも、とてもよかった。そもそも必要じゃなかったのよ。あの1年で、私の人生は大きく変わったの。勉強を終えるためにイギリスに戻ると、また部屋を借りて、もっと少ない荷物で暮らすようになった。あれは人生でいちばん楽しい時期だった」

こんなジェシカが、浪費家で、ものをため込むタイプになるなど想像できるだろうか？　私にはできない。彼女はもっといい生き方を見つけ、ずっとその生き方を通した。そしてミニマリズムに目覚めたとき、彼女はまだ10代だった。

家族との関係が何よりも大切

私たちはあまりにも長い間、家族の幸せは物質的な豊かさにあると勘違いしてきた。そろそろ、人生には別の形の幸せがあるということに気づいてもいいころだろう。

ここでもう一度確認しておきたい。家族がいても、ミニマリズムを実践するのは可能だ。わが家も実践しているし、他にも同じような家族はたくさんいる。

まずは、ミニマリズムについて学ぼう。ミニマリズムについて周りの人と話し、自分でもやってみよう。買い物のルールを決めて、所持品の上限を決める。

そして効果を実感しよう。ものが少ない家庭を、あなたもきっと気に入るはずだ。

この章をしめくくる前に、おそらくあなたはもう理解しているだろうが、それでももう一度確認しておきたいことがある。それは、パートナーや子供との関係は、ミニマリズムの実践よりもはるかに大切だということだ。

ミニマリズムに目覚めた人たちから、家族が協力してくれないという悩みを何度も聞いてきた。パートナーや子供に不満を持ち、家族の関係を悪化させてしまう人も多い。

最悪のケースになると、ミニマリズムが原因で家族がばらばらになってしまうこともある。

以前、こんなメールを受け取った。

ジョシュア、相談したいことがあってメールしました。今の生活は、ものが多すぎて窒息しそうです。でも夫はまったく協力してくれません。何も手放そうとしないのです。私たち夫婦は離婚するべきでしょうか？

私はびっくりして、すぐに返事を書いた。内容を一部引用しよう。

窒息しそうな気分というのはとてもよくわかります。それでも、離婚は絶対におすすめできません。ミニマリズムは、家族の絆を深めるために存在します。関係を切り裂くためではありません。

この女性は、とんでもない間違いをするところだった。あなたも気をつけなければならない。ものが原因で家族との仲が険悪になるなど、あってはならないことだ。

自分がミニマリズムに目覚めた理由を思い出してみよう。理由の中には、ものよりも人間関係を大切にしたいという気持ちもあったはずだ。もしそうなら、ミニマリズムのせいで家族と険悪になるなんて、本末転倒だろう。

家族との関係のほうが、ものを減らすことよりもずっと大切だ。

他人は変えられない。この事実を忘れないようにしよう。相手もそれを望むなら、教育したり、励ましたり、サポートしたりはできる。

家族は、ミニマリズムに対してあなたほど熱心になってくれないかもしれない。そのときは、まったくものを減らさないよりも、少しでも減らしたほうがましだと、自分を納得させよう。そして、結婚のときに「死が2人を分かつまで」という誓いを立てたのなら、その誓いを最後まで守ろう。

忍耐強さは、最高の愛情表現の1つだ。家族の誰かに対する不満が募り、そろそろ爆発しそうだと感じたら、まずは深呼吸をしてみよう。そして、自分も完璧ではないことを思い出す。次に、パートナーや子供のいいところ、感謝しているところを、心の中でリストにしていく。

くり返すが、他人を変えることはできない。

あなたが変えられるのは、その人との関わり方だけだ。

または、家族の誰かがミニマリズムに反対するのは、何か深い理由があるのかもしれない。何かの心の傷が原因になって、ものをため込むという症状が出ているのかもしれない。必要以上にものをため込むのは、強迫性障害などの病気の可能性も考えられる。

その場合は、強く出るのをやめて、必要なサポートを受けられるようにするのが正しい。時には専門家の助けが必要になるだろう。

いずれにせよ、家族にミニマリズムを広めるために最善を尽くそう。家族の協力が得られれば、こんなに心強いことはない。

しかし何が起こっても、正しい優先順位を絶対に忘れてはいけない。ものを愛するのは間違っているし、ものの不在を愛するのも間違っている。愛する対象は人間だ。なかでも身近な人たちを愛することが、特に大切だ。

さあ、これでミニマリズムを実践するステップはわかった。それに家族に協力してもらう方法も学んだ。そろそろもっと大きな問題に目を向けてもいいころだろう。

それは、ミニマリズムの本当の意義だ。

問題は、ものをたくさん持っても幸せになれない、ということだけではない。ものがたくさんあると、むしろ幸せから遠ざかってしまうのだ。

いらないものを手放せば、本当に大切なものに集中する自由が手に入る。

さて次からは、慈善の精神を持つ方法（第11章）と、人生のすべての側面で意識的に生きること（第12章）、そして大きな夢を見ること（第13章）について見ていこう。

第11章 ものを手放して「意味のある人生」を実現する

ある日、家族でスーパーに買い物に行ったときのことだ。

買い物を終えて車に戻ると、車体に傷がついていた。他の車にこすられたようだ。その瞬間、私は嫌な気分になった。こんな目立つ傷のある車に乗っていたら、みっともないではないか。

傷をつけられたことよりもさらに問題なのは、こすった車が何のメモも残さずに去ってしまったことだ。連絡先を残してくれれば、相手の保険で修理代を出してもらうことができたのに。それもかなわないのなら、もうかなり古い車だということを考えると、おそらくこのまま修理せずに乗りつづけることになるのだろう。

妻と私は、家に帰るまでずっと押し黙っていた。2人とも腹を立てていた。

誰も話さない車の中で、私はこの出来事についてふり返っていた。そもそも私は、なぜミニバンに傷をつけられたことで、こんなに怒っているのだろうか？

理由の1つは、車は高い買い物だからだろう。この車のために、苦労して稼いだお金をたくさん払い、時間と労力をかけて大切に扱ってきた。これが自転車だったら、ここまで怒らなかったに違いない。しかし車は、私たちにとって大きな買い物だったので（家の次に大きな買い物だ）、思い入れもそれに比例して大きくなる。

そのとき、私はイエス・キリストの言葉を思い出した。

「あなたの宝のあるところに、あなたの心もある」[1]という言葉だ。

ここで注意したいのは、イエスが選んだ言葉の順番だ。

まず宝があり、心が宝の場所に行くのであって、その逆ではない。

残念ながら、あまりにも多くの人が、間違った宝に心を結びつけてしまっている。物質的な豊かさは、本物の幸せを届けてくれることはない。もっと大きな家、もっと速い車、最新流行の服、最新のテクノロジーを追い求め、すでにものが多い家の中に、さらにものを詰め込んでいく。その結果、整理と片づけに時間とエネルギーを吸い取られることになる。

ものはいつか壊れ、使えなくなる。永遠に続かないもので、永遠に心が満たされることはない。満足できないからこそ、次から次へとものを買い集めるのだ。

ここで大切なのは、自分以外に目を向けることだ。

本物の喜び、生きる意味、長続きする満足感をもたらしてくれる何かに、心を結びつけるようにする。それはたとえば家族であり、友人であり、精神生活であり、大切にしている大義だ。

大切な時間やお金、エネルギーは、本当に大切なもののために使わなければならない。少ないもので暮らしていると、もっとたくさんのものを与えられるようになる。私の経験からいえば、ミニマリズムは、意味のある人生を手に入れるいちばんの近道だ。

人助けをしたい、もっと寄付をしたいと思っている人はたくさんいる。

しかし、彼らがその願いをかなえるには、まず無駄なものにお金を使うのをやめて、ものをため込むのをやめなければならない。不要なものを手放し、誰かのために役立てるのは、とても豊かな行為だ。与える人になれば、人生の大きな可能性に気づくことができる。つまり、与える心は、ミニマリズムの結果として生まれるだけではない。

ミニマリズムを実践する動機の役割も果たしている。

あなたは、人のためになりたいと思うだろうか？

世界をもっといい場所に変えたいと思うだろうか？

この章の内容を簡単にいうと、こういうことだ。

いらないものを与え、余分なお金を与え、余分な時間を与えなさい。

そうすれば、与えたあなたも、受け取った人も、大きな見返りを受け取るだろう。

不要品を売るのは大変なこと

わが家がミニマリストになったばかりのころ、大量の不要品をどうするかという問題が持ち上がった。当初の目標は、できるかぎり売ってお金に換えることだった。「これ全部を買うのにかなりの金額を払ったのだから、ただで手放すことはない」という考えだ。

そこでキムと私は、売ることを目標にいくつか戦略を立てた。

インターネットの「売ります」コーナーに投稿する。服を委託販売してくれる店に持っていく。インターネットのオークションを利用する（一度、引き出しの中身をすべてオークションに出したことがある。ちなみに入札は1件もなかった）。

そしてもちろん、ガレージセールも開催した。

ミニマリズムを始めてからわずか数週間後、さっそく自宅のガレージで不要品を売り出した。あれは土曜日の朝だった。早起きして、急いで朝食をすませると、さっそく準備に取りかかった。

ガレージにテーブルを並べ、その上にお皿、服、おもちゃ、インテリア小物、本、C

D、DVDなどなど、たくさんのものを置いていった。

見やすいように置き方も工夫した。それぞれに手書きの値札もつけた。準備ができると、道路沿いに風船を飾った。ガレージセールをやっていることを知らせるためだ。雨が降らないことを願いながら、デパートの真似をして静かなBGMまで流した。準備がすべてできると、満を持してガレージの扉を開けた。

ついに大売り出しの始まりだ。

お客さんを待ちながら、キムと私は売上金で何をしようかと話していた。もちろんかなりの金額になるはずだった。貯金？　家族旅行？　それとも、リビングのカーペットを新しくする？　可能性は無限に思えた……。

そう、容赦ない現実を突きつけられるまでは。

緑色のプラスチックの椅子に座って待っていると、お客さんが少しずつやってくるようになった。彼らは品物を手に取り、ひっくり返して見たりして、また元の場所に戻す。キムも私も、精一杯の接客をした。気持ちよく買い物をしてもらうためだ。なかには実際に興味を持つ人もいたが、それでもかなり値引きしないと買ってもらえなかった。

太陽が移動して午後になると、いくつかの品物の値段を下げることにした。とにかく売ることを第一に考えた。お客さんをもっと呼び込むために、自分がお客のふりまでした。

その日の終わりに売上げを集計してみると、135ドルだった。これは残念な数字だ。期待していた額に遠く及ばない。それだけでなく、気に入って買った家具や小物が、25セントまで値下げしてもまだ売れないという現実に直面すると、自分のセンスを本気で疑いたくなる。

その夜は疲れていて料理どころではなかったので、売上げの半額を使って家族で外食することにした。ガレージセールも少しは役に立ってくれたのだ。

この経験から、あなたにアドバイスがある。

すっきりした暮らしのために不要品を処分するなら、売ろうとは思わないことだ。売るのには手間がかかり、見返りは小さい。それに売る手間自体がストレスになり、ものを減らそうという決意もくじけてしまうかもしれない。もちろん、本当に大物なら売る価値はあるかもしれないが、小さなものまで売ろうとするのは面倒なだけだ。

ありがたいことに、キムと私は別の方法をすぐに見つけることができた。

売るよりも、もっといい方法がある

ただ時間とエネルギーを浪費し、失望しただけのガレージセールが終わっても、まだ不要品の山は残ったままだった。そこでキムは、地元のチャリティ団体に電話をした。

妊娠中の女性にマタニティウェアやベビーウェアを寄付する活動をしている団体だ。ガレージセールで売れ残ったベビー用品も、そこでなら役に立つかもしれない。

電話の相手は喜んでくれた。「ありがとうございます。ぜひ寄付してください。必要としている人はいつでもいますから」という返事だった。

その返事に勇気づけられ、私はまた別の場所にも電話をした。今度は、難民や移民の自立支援を行っている地元のチャリティ団体だ。

話を聞いたところ、タオル、リネン類、調理器具が特に足りないということだった。難民や移民のほとんどは着の身着のままでやってくるので、アパートを借りて生活を始めるときに必要になるからだ。

それから私たちは、ホームレスのシェルターなど、いろいろな地元のチャリティ団体に電話をかけた。

わが家の不要品も、地元の困っている人たちの役に立つことができる。それを知って、私たちの心もようやくやわらいだ。むしろ、こんなに喜んでもらえるものが、わが家の片隅でずっとホコリをかぶっていたなんて、とても残念なことだ。

そもそも、なぜ私たちは、使わないものをいつまでも持っていたのだろう？

不要品は、売るよりも寄付するほうがいい。

この機会に慈善の心を実践してみよう。チャンスはたくさんある。

世界中のチャリティ団体が、何らかの寄付を必要としている。彼らは恵まれない人々に、食べ物や住む場所を提供している。

井戸のない村に、きれいな飲み水を届けている。虐待された女性たちを保護している。孤児のために、愛情深い里親を見つけている。チャンスに恵まれなかった人たちに、教育と職業訓練を提供している。他にもたくさんのためになる活動をしている。

そのような団体に不要品を寄付すれば、それだけで世の中のためになることができる。それに税金の控除も受けられれば、ネットオークションやガレージセールで売るよりも結局は得をするかもしれない。それに、寄付のほうが労力もずっと少なくてすむ。

そしてもちろん、寄付することによって得られる満足感は、何物にも代えがたい。たとえガレージセールで期待以上の売上げがあったとしても、寄付の満足感にはかなわないだろう。

所持品を減らすのは、かなりの重労働だ。そのうえ、不要品を売るとなると、さらに時間と労力を使うことになり、売れなかったときの不安や失望まで加わってしまう。

しかし寄付をすれば、お金では買えない満足感と喜びが手に入るのだ。

自分と同じ価値観を持つ地元のチャリティ団体を見つけ、不要品を寄付しよう。

自分の家でただ場所を取っていたものが、地元の人たちに喜んでもらえるのだ。これほど嬉しいことはないだろう。

ここで、アリ・イーストバーンの物語を紹介しよう。

彼女は誰も思いつかなかった方法で、与えることの大きな喜びを発見した。

指輪の寄付から世界に広がった助け合い

２００７年、地元の教会の女性たちと一緒に週末の集まりに参加したとき、アリ・イーストバーンは40歳だった。彼女は子供のいる主婦で、赤毛で明るい性格だ。集まりに参加したのは、友人と再会し、神との絆を深めるのが目的だった。だからこの週末で自分の人生が変わり、全世界のたくさんの人々の人生も変わることになるとは、想像もしていなかった。


女性たちが部屋に集まると、リーダーが質問をした。

「世界を変えるために、私たちにできることは何でしょう？」

誰も答えなかった。

しばらくして、アリが発言した。

「自分のものを何か売って、そのお金を人助けのために使ったらどうかしら？」

部屋はさらに静まりかえった。それでもアリは続けた。

「自分にとって大切なものを売るの。たとえば、車とか、ボートとか」

アリはそこで口をつぐんだ。突拍子もないことを思いついたからだ。自分の人生を変え、他の多くの人の人生を変えるようなアイデアだ。

彼女は言った。

「私の結婚指輪を売れば、アフリカの1つの村に暮らす全員に食料を届けることができると思う」

アリは自分で言ったことが信じられなかった。それでも心の奥底では、指輪を手放すのは正しいことだとわかっていた。

その数週間後、夫と何度も話し合った結果、アリは指輪を売って、そのお金をアフリカで井戸を掘る活動をしている団体に寄付した。アフリカの南部では、きれいな飲み水がないためにたくさんの人が命を落としていた。

物語はそこで終わらない。それからさらに数週間後の日曜の朝、アリは教会で友人の1人に呼び止められた。友人は自分の結婚指輪をアリに握らせると、静かに言った。

「私の指輪もお願いね」

そして、同じことをする人が次から次へと現れたのだ。これにはアリも驚いた。

そこでアリは、このチャンスを生かしてNPOを設立することにした。

自分がいちばん大切にしているものを寄付してもらい、困っている人たちを助ける資金にするという活動を行う団体だ。

現在まで、アリのＮＰＯには１０００個以上の指輪が寄付された。そのお金で、アフリカ、中央アメリカ、インドの村にきれいな水を届け、何万人もの命を救っている。[2]

アリは与えることの喜びを発見した。きっと彼女は、ものをため込むよりも、ものを与えるほうがずっといいと断言するだろう。

もちろん、すべての人が結婚指輪を手放して、アフリカの村にきれいな水を届けなければいけないわけではない。アリ自身も、自分は珍しい例だと認めるだろう。

しかし方法はどうであれ、恵まれない人のためになろうとするのは大切だ。それは彼らを助けるだけでなく、自分自身も助けることになる。

ミニマリズムの見返りはこれだけではない。他にもまだまだたくさんある。

ものもお金も、あまったら手放す

ミニマリズムが軌道に乗ると、わかりやすい見返りがある。

ものを買いすぎなくなるので、お金が貯まるという見返りだ。私はこのお金のことを、ミニマリズムという投資による配当だと考えている。

この配当金を使ってできることはたくさんある。

たとえば、借金を完済してもいいし、将来のために貯金や投資をしてもいい。または、本当に必要なものができたときに、質のいいものを買うことができる。すべていい使い方だ。しかしここで、慈善のために使うという選択肢も考えてみよう。

アメリカ人が年間に寄付する額は、平均して収入の何パーセントぐらいだろうか？
個人による寄付に限ると、答えは収入の2から3パーセントだ。アメリカ全体では年に2600億ドルになる。ここに基金や企業などによる寄付を加えると、全体でだいたい3600億ドルだ。[3]

誤解しないでもらいたい。これだけの額が恵まれない人のために使われるのは、もちろんすばらしいことだと思っている。

それでも、正直に言えば、この程度では恥ずかしいぐらいの微々たる額だ。

個人として収入の3パーセントを寄付するということは、残りの97パーセントは自分のために使うということだ。アメリカ人は世界でも有数の豊かな人たちなのだから、本当に収入の97パーセントも必要だろうか？　世界中の貧しい人たちのことを考えてみよう。それに、困っている人は、外国だけではなく私たちの身近にもいる。

お金をあげてしまうことに恐怖を覚えるのはよく理解できる。特に経験のない人はなおさら怖いだろう。与えるという行為には勇気が必要だ。汗水たらして稼いだお金をあげてしまうのは、なかなかできることではない。

これはものをため込むのと同じだ。

「念のため」といって不必要なものまで取っておくのと同じように、お金の場合も「念のため」といってできるだけたくさん取っておこうとする。

それでも、先のことが心配でため込んでおいたお金が、実際に必要になることはめったにない。むしろミニマリズム生活で支出が減っているので、お金のリスクも減っているのだ。

そこで、私からのアドバイスだ。余分なお金は手放そう。気前よく与えよう。

もっと大きなお金の流れに乗せれば、いつか本当に必要としている人のところにたどりつく。実際にやってみればわかる。お金をあげるのは、とても気持ちのいいことだ。

そして、一度やってみれば、きっと与えることに夢中になっている自分に驚くだろう。

何かを買うときは、念入りに事前調査をするはずだ。その労力を、今度はお金をあげることに注いでみよう。自分のお金が最大限の効果をあげるように、きちんと調査する。

さまざまな慈善活動の情報は、探せばたくさんある。もし慈善の経験がないのなら、私からいくつかアドバイスがある。

お金を手放して、お金のありがたさを知る

自分の現在の慈善活動に満足している人はほとんどいない。

私の知っている人は、みな「もっと与えたい」と思っている。

そこで、日々の生活に慈善活動を取り入れる方法をいくつか提案したい。過去にお金を寄付した経験がまったくない人は、これがいいきっかけになるだろう（ちなみに、寄付をするのに現在の経済状況はまったく関係ない）。すでに寄付をしていて、さらに額を増やしたいという人にとっても参考になるはずだ。

1　小さく始める。本当に小さくていい

寄付の経験がまったくないのなら、まず1ドルから始めてみよう。

1ドルという金額を恥ずかしく思う必要はまったくない。クレジットカードを使ってオンラインで寄付できるチャリティはたくさんある。その方法なら誰とも顔を合わせないので、1ドルでも恥ずかしくない。

もちろん、ここでいちばん大切なのは、金額ではなくとにかく始めることだ。5ドルでも、10ドルでも、20ドルでも、自分の好きな金額でかまわない。とにかくいくらでもいい。サイドラインから傍観しているのをやめて、自分もゲームに参加する。お金ならあるはずだ。そうやって小額でもいいから寄付することで、やがて慈善活動があなたにとって普通のことになるだろう。

2　収入があったらすぐに寄付する

次のお給料が入ったら、最初の支出は寄付にしてみよう。

たいていの人は、お金が余ったら寄付しようと考えている。ここでの問題は、お金はめったに余らないということだ。それにお金を使う計画は、この先もびっしり詰まっている。あったらすべて使ってしまうという習慣は、私たちの中に深く根づいている。

この悪い流れを断ち切るには、「お金が入ったらまず寄付する」を習慣にするといいだろう。

毎月の給料日に、地元の教会、地元のホームレスシェルターなど、自分が支持する慈善事業に決めた額を寄付する。やる前はもったいないと思うかもしれないが、実際にやってみると、むしろまったくもったいないと思わない自分にびっくりするだろう。

それに、寄付の額を増やすのも、思っているよりもずっと簡単にできる。

3　ある特定の支出を寄付にまわす

期間を決めて、ある特定の支出を自分で選んだ寄付にまわす。

たとえば、お昼を外食からお弁当に変えて、浮いたお金を寄付にまわす。または、週に一度、自転車で会社に行き、浮いたガソリン代を寄付にまわす。月曜はスターバックスに寄るのをやめて、その浮いたお金を寄付にまわしてもいいだろう。

私がおすすめするのは、なるべく楽しい方法を選ぶことだ。やめるという挑戦が楽しくできて、後々まで記憶に残るようなユニークな体験がいい。実際にできることを選び、期間を決めて実験してみよう。

4 自分が情熱を持てる慈善活動を選ぶ

あなたの力を必要としている慈善活動は山のようにある。その中には、あなたが情熱を傾けられる活動もあるだろう。

あなたはどんなことにいちばん関心を持っているだろう？　環境問題？　貧困問題？　それとも宗教だろうか？　もしかしたら世界平和かもしれないし、子供の栄養かもしれないし、動物愛護かもしれない。教育問題や公民権運動はどうだろう。

自分が何に関心を持っているか考えよう。そして、その分野で立派な活動をしている団体を見つけ、喜んで力を貸そう。

5 慈善家と一緒にすごす

以前、尊敬する慈善家の紳士とランチを共にする機会があり、私は前から知りたかったことを質問してみることにした。

「昔から慈善活動には熱心だったのですか？」と尋ねると、「いいえ、そんなことはありません」という答えが返ってきた。

そこで私は、「では、いつからですか？」「何かきっかけはあるのですか？」「寄付する先はどうやって決めているのですか？」「これから慈善活動を始めたいという人に、何かアドバイスはありますか？」と質問を重ねた。

あれはとてもためになる会話だった。私自身が、寄付の習慣を始めたばかりだったからだ（それにランチもおごってもらえた）。

慈善活動は、偶然を待っていては永遠に始まらない。

自分の意思で「やる」と決める必要がある。とはいえ、これは思っているほど難しいことではない。時には簡単な一歩を踏み出すことが、大きな意味を持つこともある。

ミニマリズムの大きな見返りの1つは、与える人になれることだ。

時間を手放して、時間のありがたさを知る

お金や所持品以外にも、与えられるものはある。それは、あなた自身だ。

ミニマリズムを実践すると、お金が貯まるだけでなく、時間の余裕もできる。やたらとものを買わなくなると、そんなにお金がいらないので、働く時間が減る。

それに買い物の時間も減り、買ったものの維持管理の時間も減る。その結果、他のことに使える時間が増える。その時間のいくらかを使って、ボランティア活動をしてみてはどうだろう？

たしかにこれは、ただお金を寄付するよりも覚悟が必要だ。個人的な関わりが必要になる。実際に人と接することになり、そして人間関係にはトラブルがつきものだ。

しかし私が思うに、ボランティアのいちばんいいところは、援助活動がただのプロジェクトではなく、一人ひとり顔のある人間だと認識できることだろう。私自身、ボランティア活動に参加し、自分の時間とエネルギーと能力を提供するたびに、やってよかったと実感する。

私は、与えるという行為には段階があると考えている。

不要品を寄付するのはいいことだ。そしてお金を寄付するのはさらにいいことだ。しかし、いちばんいいのは、個人的に関わって、実際に人助けをすることだろう。

自分にはできることなんて何もない？　そんなことはないはずだ。

あなたにはあなたなりの強みがある。それに人を思いやる心もある。人生経験から学んだ知恵がある。事務仕事が得意かもしれないし、モノづくりが得意かもしれない。ともかく、人の役に立つような得意分野が必ずあるはずだ。

ボランティアをすると決めたら、自分にはどんな強みがあって、どんな分野に関心があるのかよく考えてみよう。そこから、実際にできることを考えるのだ。

缶詰を届ける運転手をする、動物シェルターで犬の散歩を担当する、歴史的な場所でガイドのボランティアをする、文学を教える、貧しい家族のために家を建てる。

できることはたくさんある。

慈善活動をしている団体はたくさんある。地元の教会、ホームレスの人に寝泊まりできる場所を提供するホームレスシェルター、貧しい人に無料の食料を提供するフードバンク、地元の図書館、病院、老人ホーム、環境保護団体、国立公園、美術館、学校。

ボランティアに慣れてきたら、さらに先に進んでみよう。

赤十字に協力して、災害の被災地で援助活動をする。海外援助活動に参加する。

そんなすごいことはできないと恐れをなしてしまう前に、1つ指摘しておきたいことがある。ボランティア活動は、形にこだわる必要はない。

既存の団体の活動に参加するという形でなくてもかまわない。必要なのは、他者を思いやる心を持ち、彼らの目を通して彼らの世界を見て、実際に彼らのそばにいる時間をつくることだけだ。

近所のお年寄りのために、玄関前の雪かきをしてあげる。育児に疲れたお母さんに代わって子守をしてあげる。病気の友達のためにご飯をつくってあげる。

こういった相手を思いやるちょっとした行動が、世界をもっと優しい場所、もっと寂しくない場所にする。

慈善活動に熱心な人は、自分1人の力では限界があるということをよくわかっている。1人の力で世界の問題を解決できるわけではない。しかし、だからといって彼らはあきらめたりしない。彼らにとって、たった1人でも助けることができれば、それだけで活動をする理由になる。

アンネ・フランクはこんな言葉を残した。

「もう誰も待たなくていい。少しずつ世界を変える動きを今すぐに始められる。なんてすばらしいんでしょう[4]」

手放すことで人は自由になれる

ものやお金を寄付したり、自分の時間を提供したりすると、他者の助けになることができる。しかし、それだけではない。

思いやりの心は、自分を助けることにもなるのだ。

私はなにも、自分のためになるから他者を助けなさいと言っているのではない。慈善の目的はあくまでも他者を助けることであり、見返りは関係ない。

とはいえ、何らかの見返りがあるなら、ありがたく受け取るべきだろう。

人のためになることをすると、確実に気分がよくなり、人生への満足度も高くなる。私も実際に経験しているし、他の人もきっと同じだろう。慈善活動に熱心な人は、幸福度や人生への満足度が高くなるといわれている。さらには、健康状態までよくなるという調査結果もあるほどだ[5]。すばらしい。

それに加えて、私の観察したところ、慈善活動に熱心な人は、より豊かな人間関係を築いているようだ。思いやりのある人は、利己的な人よりも周りに好かれる。たいていの人は、寛大でシェアの精神がある人に惹きつけられるだろう。

そしてよき友であることは、自分自身にとっても最高の贈り物だ。

慈善の精神がある人は、自分のものを大切にする。不要品を気前よく与える人は、本当に大切なものだけを手元に残すからだ。お金を寄付する人は、残ったお金を浪費しない。時間を提供する人は、残された時間を大切に使う。

何よりも、慈善の精神がある人は、所有物以外のところで人生の意味を見出している。純資産で自分の価値を計る人はたくさんいるが（人間の価値がバランスシートで計られるなんて）、広い心で与える人は、他者を助けることで自分の価値を計る。銀行の預金残高は、その人の本当の価値とは関係ないということを知っている。

そのため彼らは、お金に執着していない。

ものを買うこと以外のところで、満足感、意味、価値を見出し、人間関係を構築している。すでに持っているものに感謝し、いらないものは人に与える。

言い換えると、彼らは自分にとっての「十分」を発見したということだ。

慈善の精神のいちばん大きな見返りは、「自分はすでに十分持っている」と確認できることだろう。

私たちは、「もっと持たなければ」という思いに追い立てられている。どんなにたくさん持っていても、必要なものが次から次へと出てくる。もっとものが欲しい。もっとお金が欲しい。

私たちは、この「もっと」という欲望を満たすことを基準に仕事を選ぶ。お金やものをもっと手に入れるための活動に、1日のうちでいちばん長い時間を費やしている。「ずるい」方法でお金持ちになった人を見ると嫉妬する。自分のお金やものが足りないことをいつも心配している。

しかし、この「もっと」という欲望は、社会に悪い影響を与えている。

調査によると、アメリカ人の72パーセントは、お金のストレスを抱えているという。[6]もちろん、なかには本当にお金が足りない人もいるだろうが、たいていの人は必要のないストレスを感じているのだ。

この世界には、年間1万3000ドル以下で暮らしている人が60億人もいる。[7]だから私たちがお金がもっと欲しいと思うのは、人工的につくり出された欲求だ。

与える人になれば、こういった考え方も変わる。「もっと」という欲望を持たなくなる。自分がどれだけ恵まれているか実感できるようになる。すでに必要以上に持っていると気づくことができる。

自分には与えるものがたくさんあることに気づき、自分が世界にいい影響が与えられることに気づく。困っている身近な人を助けることができる。人助けにお金を使うほうが、自分のためだけにお金を使うよりもずっといい。

もっと与える人になりたいと思うなら、その気持ちを原動力にしてミニマリズムを進めていこう。そしてミニマリズムで生活に余裕ができたら、その分を人に与える。きっと心が温かくなるだろう。世界は今よりもいい場所になる。そしてあなたは、そもそもこんなにものは必要なかったと気づくのだ。

さあ、今日から始めよう。着ていない服、使っていないスポーツ用品、もう読まない本、無駄に場所を取っている家具を寄付する。支援しているチャリティ団体にお金を寄付する。地元の学校、ホームレスシェルター、賛同できる活動をしているＮＰＯなどに、ボランティアとして自分の時間を提供する。

これが、意味のある人生を送るいちばんの近道だ。

第12章 何のために生きるのかを見つめる

2008年以来、私の人生は大きく変わった。

そのきっかけになったのがミニマリズムだ。ただクローゼットや引き出しがすっきりしただけではない。それまでの思い込みが覆され、まったく新しいライフスタイルに切り替わったのだ。

今からふり返ると、以前の生活と比較できるからおもしろい。

昔の私は、テレビとゲームが大好きで、何時間も費やしていた。運動が嫌いで、炭酸飲料が大好きで、ファストフードの食べすぎだった。夜更かしで、朝はいつもギリギリまで寝ていた。そして、そんな生活に満足していると思っていた。

でも今から思えば、あれは本当に満足度の低い生活だった。

私にとっても、家族や友人にとっても、最高の生き方にはほど遠い。ふらふらとさまようだけで、方向性がまるで定まっていない人生だ。

このように、何も考えずに生きるのはとても危険だ。自分では人生に満足しているつもりかもしれないが、それは勘違いだ。たいていは、目先の欲求を満たすために、長期の目標を犠牲にしている。

不健康な食生活を続けていると、体に適切な栄養を供給できない。

テレビやインターネットに時間を使いすぎると、生身の人間と交流する時間が奪われてしまう。

定期的に運動をしないと、体力を使う冒険をするチャンスを逃してしまう。

夜更かしで朝寝坊だと、1日でいちばん生産的な時間を寝てすごしてしまう。

必要以上にものを買うと、身軽で自由な人生を生きられない。

稼ぐ以上に浪費すると、借金という重荷を背負うことになる。

自分のためにお金を使いすぎると、人のためになるという喜びを逃してしまう。

このような間違いを避けるには、目的意識を持って生きることだ。

つまり人生の選択肢を吟味し、大きな夢や、長期の目標に近づくような選択をするということだ。長期の目標に近づけてくれないような行動や決断、習慣は、人生から取り除かなければならない。なぜならそれらは、むしろ目標から遠ざける役割しか果たしていないからだ。

私はここまで、ものを減らすということを中心に話してきた。所有欲の呪縛はとても強く、ものを適正量まで減らすというのは一大プロジェクトになるからだ。

しかし、少ないもので豊かに暮らすという生き方は、単にものを減らすことだけを意味しているのではない。

ここからは、目的意識を持って生きることで、もっとも大きな影響を受ける3つの分野を見ていこう。それは、スケジュール、健康、人間関係だ。

時間とお金に追われる忙しさ

世界のスピードは速まるばかりだ。ITは進化を続け、情報は瞬時に駆けめぐる。そしてSNSなどの発達で、つねにつながっていなければというプレッシャーも大きい。技術の進歩で仕事への要求は高くなるが、その一方で1日の時間の長さは変わらない。その結果、人生がますます忙しくなっていく。
それは統計を見ても明らかだ。たとえばイギリスでは、子供を持つ人の75パーセントが、忙しすぎて子供に本を読んであげる時間がないという。[1]
保育園や学童保育に預けられる子供は増える一方だ。[2] 休暇を取る余裕などめったにない。[3]平均すると、アメリカ人が自分で感じるストレスレベルは、10点満点で4・9点だ。ストレスの主な原因は、スケジュールの忙しさと、それなりの暮らしをするためにお金を稼がなければならないというプレッシャーだ。[4]

忙しい人生は、長い目で見れば絶対に自分のためにはならない。なぜなら、内省の時間がないからだ。いつでも次の仕事に追い立てられていると、忙しすぎるという事実にさえ気づかないだろう。そして、忙しさが自分にとってマイナスになっているということにも気づかない。

どうやら多くの人は、忙しいことがデフォルトの状態になっているようだ。ものを買いすぎるのと同じように、スケジュールも埋めすぎている。

もちろん、人生には普段より忙しい時期もある。それに、大切な仕事に熱中することも否定するべきではないだろう。

それでも、残念ながら私たちのほとんどは、どうでもいいことで忙しがっているようだ。間違った思い込みでスケジュールをいっぱいに埋めている。

生まれたときからずっと聞かされてきた嘘のせいで、人生で本当に大切なものが頭の外に追い出されてしまった。静かで落ち着いた人生を楽しむのではなく、どうでもいいことに日夜追いかけられている。

そしてこれは、最終的には誰も勝てない戦いだ。間違ったものを追いかけるのに時間を取られていると、正しいものを逃してしまうだろう。

自分の時間を取り戻すには

スケジュールの空きを増やして、忙しくない人生を送ることは可能だ。友人のマイク・バーンズが証人になってくれるだろう。マイクが私のブログに投稿してくれた話を紹介しよう。

15年前の私は、もういっぱいいっぱいだった。長時間働き、キャリアで自分の地位を確立しようとしていた。妻と6人の子供との時間、近所付き合い、同僚との付き合いを、綱渡りのようにこなしていた。スケジュールはびっしり埋まり、かなり混乱していた。やることが山のようにあり、いつでも時間が足りない。

自分のやりたいことは決まっていた。モチベーションも高かった。それでも目の回るような忙しさで、息をつく暇もなかった。

何かを変えなければならない。誰かの助けが必要だった。

そこでわが家では、もっと時間をうまく使い、いちばん大切なことのための時間を増やす方法を考えた。その挑戦が15年続き、そして今でも続いている。

とても大きな見返りのある挑戦だった！

もちろん、毎日が計画通りに進んだわけではない。そんなことは不可能だ。それでも、これだけは自信を持って断言できる。今の私たちは、理想の人生を生きている。私たちにとっていちばん大切なことに集中できる人生だ。

あなたも近い将来、マイクと同じ報告ができることを望むなら、次の4つのステップを実行してみよう。

1　静かに心を落ち着かせる時間をつくる

朝、1日が始まる前に、静かに座る時間をつくる。ランチをゆっくり取る。仕事中の空き時間を活用する。1人になれる時間、祈りの時間、瞑想の時間をつくる。毎日のルーティンの中に時間を見つけ、今日からその時間を活用しよう。

忙しさの中で、心を落ち着かせる時間をつくるのだ。

2　集中力を妨げるものを排除する

今の時代、クリックやスワイプ1つで、好奇心をわしづかみにする新しい世界に行くことができる。それでも、あらゆる分野に興味を持っていたら、1つの分野で能力を伸ばすことはできない。集中力を妨げるものを意図的に排除しよう。

スマートフォンの通知機能を切る、メールチェックを1日2回だけにする、ニュースサイトやSNSを見る回数を制限する。

3 「ノー」と言えるようになる

古代ローマの哲学者のセネカは、「多くのことに手を出して忙しい人間は、ある1つの道で成功することはできない[6]」と言っている。

「ノー」という言葉の力を有効に活用しよう。重要度の低い事柄に「ノー」と言えるようになれば、いちばん大切なものを追求する時間が増える。

4 休みの時間をあらかじめスケジュールに入れる

多くの人が忙しくしている理由の1つは、休むことの価値がわかっていないことだ。体を休め、頭を休め、魂を休めるのは大切だ。1週間のうちの1日は、休みと家族のための時間にしよう。

あらかじめスケジュールに入れ、その予定だけはなんとしてでも守る。

ものを減らすという生き方は、スケジュールを減らすという生き方でもある。どちらも不要なものは排除しよう。

そうすれば、健康管理のための時間をつくることもできる。

見た目よりも健康状態を大切にする

私たちの暮らす社会は、見た目の美しさを過大評価している。

時にはこの風潮を批判することもあるが、それでもほとんどの人が、自分の見た目を気にし、自分の見た目について話し、そして自分の見た目をよくすることに多大な時間とエネルギーを注ぎ込んでいる。ものが増えすぎて、お金のかかる生活になってしまっているのも、見た目への執着が大きいのが主な原因だ。

アメリカ人だけで、年間に120億ドルも整形手術に費やしている。化粧品に使う額は560億ドル以上だ。[7] 新しいダイエット法が、次々と現れてはあっという間に消えていく。スーパーのレジの横に置いてある雑誌は、腹筋を割る方法を大々的に特集している。そして平均的な女性は、1年のうちの2週間を見た目のために使っている。[8]

ちなみに、見た目をよくするために時間を使うのは女性だけではない。男性用化粧品のメーカーも、男性も見た目を気にするようになっている風潮を大歓迎している。実際、イギリスで行われたある調査によると、身だしなみにかける時間は男性のほうが女性よりもわずかに長いということだ。[9]

それに、洋服の問題もある。平均的なアメリカの家庭は、年間に1700ドルを衣服に費やしている。[10]もちろん、着るものはたしかに必要だ。しかし、私たちが服を買う主な理由は、他人によく思ってもらうためであり、自分がいい気分になるためだ。

現代の平均的な女性は服を30着所有しているが、1930年にはわずか9着だった。年間で衣料品の買い物にかける時間は、服の場合は30回の買い物で100時間以上、靴は15回で40時間。ウィンドウショッピングだけでも、年間に50時間も費やしている。[11]その一方で、平均的なアメリカ人は、年間におよそ30キロもの衣類を捨てている。[12]

おしゃれはこれだけにとどまらない。他にもアクセサリー、美容院、ネイルケア、スキンケア、タトゥー、ピアスなどがある。人はこういったことすべてにお金と時間を注ぎ込み、自分を魅力的に見せようとしているのだ。

しかし皮肉なことに、ここまでの努力が結果につながっているかというと、必ずしもそうではない。

ある調査によると、大人の女性の77パーセントは自分の見た目に不満を持っているという。[13]また別の調査では、女性が化粧を40パーセント減らすと、男性にとっても、本人以外の女性にとっても、より魅力的に見えるということが明らかになった。[14]

しかし、長い目で見てもっと大切なのは、ここまで見た目を気にする風潮が蔓延しているのに、健康状態はよくなっていないということだろう。

アメリカ人の69パーセント近くが、太りすぎか、または肥満である。[15] 有酸素運動と筋力トレーニングの両方で国が定める基準の運動量を満たしている人は、大人の5人に1人しかいない。[16] ファストフードに年間で1100億ドル費やし、平均して週に34時間もテレビを見ている。[17] ここでの問題は、健康よりも見た目を気にしているということだ。

あなた自身は、自分の見た目にどれくらいのお金と時間を費やしているだろう？ おそらく、必要以上ではあるはずだ。クローゼットが服で満杯になっていて、洗面台の戸棚に化粧品や美容製品が所狭しと並んでいるなら、そして朝身支度をするときにいつも慌てていて、しかも理想的な健康状態でないと感じているのなら、それはおそらくもっと意識的に人生を送ったほうがいいというサインだろう。

自分の意識を変えて健康的な選択をする

見た目にこだわりすぎることなく、正しい体のケアができるようになるには、どうすればいいのだろうか。

牧師のゲイリー・トンプソンは、著書の『すべての体を大切にする（Every Body

Matters)』の中でこんなことを言っている。

自分の体を装飾品のように扱うのをやめるべきだ。見栄と野心のために自分の肉体を利用するのは間違っている。私たちの体は、もっと崇高な目的を果たすための道具だ。人間の肉体を創造した神に仕えるために、私たち体は存在する。[18]

いちばん大切なのは見た目ではない。

肉体の第一の役割は、この世界で自分の使命を果たすための道具になることだ。その目的が、いい親になることでも、宗教の指導者になることでも、世界旅行をすることでも、またはビジネスで成功することでもかまわない。とにかく目的を達成するときに、肉体のコンディションが助けになることもあれば、障害になることもある。

つまり、私たちは考え方を根本から変える必要があるということだ。

見栄のため、または心の空虚な部分を埋めるために、自分の体を利用してはいけない。あなたの体は、人生の目的をより効果的に果たすために存在している。

意識を変えて、日常生活でもっと健康的な選択ができるようになろう。

・**食事に気を配る**

私はベジタリアンではないし、厳格な食事制限をしているわけでもない。それでも、健康的な食生活の大切さはよく理解している。食事の半分を野菜と果物にするなど、ざっくりしたルールを決めるといいだろう。

わが家の場合は、肉を主菜ではなく副菜にしている。

・**適切に水分を摂取する**

人間の体はすべて水で動いている。アメリカでも有数の総合病院メイヨー・クリニックは、健康のために1日に2リットルほどの水を飲むことをすすめている（実際の量は、性別、体の大きさ、運動量などによって異なる）[19]。

1日にコップ8杯ぐらいから始めてみるといいだろう。

・**定期的に運動する**

アメリカ疾病予防管理センターは、有酸素運動と筋力トレーニングを週に150分行うことを推奨している。運動の頻度は、週に2回か、それ以上が望ましい[20]。

運動をする気がある人は、この基準を目標にしよう。運動をする気がない人も、とりあえず体を動かそう。

・悪い習慣をやめる

ここでは私がわざわざ言う必要もないだろう。

あなたはただ、当たり前のことをきちんと守るだけでいい。食べすぎない。ジャンクフードを減らす。飲酒を減らす。外食を減らす。煙草を吸わない。食品の栄養成分表示をよく読む。そういうことだ。

どれも当たり前のアドバイスだと思うかもしれない。

しかしここで大切なのは、なぜ健康に気をつけるのかという動機のほうだ。

私が健康的な生活を送っているのは、スリムで健康になって、人からうらやましがられたいからではない。体が健康であるほうが、人生の目的をより効果的に達成できるからだ。こうやって考え方を変えることには、とても大きな力がある。

リストの中から、自分にできそうなことを1つ選ぼう。まずそこから始める。

そしてある程度の成功を経験したら、次の課題に取り組もう。

人生のすべてでより意識的に生きられる

ミニマリズムに目覚めてから半年ほどたったころのことだ。

12月11日の私の誕生日が近づいてくると、妻からプレゼントのリクエストを尋ねられた。私は答えに困った。せっかく家の中からものを減らしたのだから、もうこれ以上ものは増やしたくない。ネクタイを12本も寄付したばかりなのに、ネクタイをリクエストするのもおかしな話だ。それに腕時計も3個寄付していた。

ある肌寒い夕暮れ、職場から家に向かって車を走らせていた。

近所のショッピングモールの横を通るとき、以前はなかった看板に気がついた。

「プラネット・フィットネス　近日オープン！　今ご入会すると会費は月々わずか10ドル！」

これだ、と私は思った。誕生日のプレゼントは、ジムの会費をお願いしよう。

このプレゼントなら、ものが増えることはない。それに、私は生まれて初めて、本気で運動を始めることを考えていた。ミニマリズムのおかげで時間とお金に余裕ができて、健康を重視するようになっていたからだ。

12日、私はプラネット・フィットネスに最初の一歩を踏み入れた。それ以来、定期的に運動を続け、そのおかげで良好な体調を保っている。

私の場合、ミニマリズムがきっかけとなって、自分の体に対する考え方が変わった。スケジュールに対する考え方を変え、もっと忙しくない生活にしたのと同じことだ。ミニマリズムを実践すると、人生のすべての分野で、より意識的に生きられるようになる。

ミニマリズムをきっかけに、より意識的になれる分野はもう1つある。

それは、人間関係だ。数を減らしてすっきりするという原則は、人間関係にも当てはまるのだろうか？

人をものと同じように扱うのは間違い

ミニマリストの中には、「自分の人生に利益をもたらさない人とはさよならしよう」というアドバイスをする人がたくさんいる。つまり、クローゼットや引き出しのガラクタだけでなく、人間関係のガラクタも処分しようということだ。

彼らの言いたいことは、理解はできるが、同意できるわけではない。

人間関係をものと同じように扱うのは間違いだ。人はものではない。人間関係は処分する対象ではない。この点については、また後で詳しく見ていこう。

しかしその前に、人間関係を手放すのが正しい場合もあるということを指摘しておきたい。そして手放すべきときは、罪悪感を持たずに、効果的に実行する。

肉体的、または感情的に自分を傷つけるような関係、双方とも利益を得られないような関係、他のもっと重要なことの妨げになっているような関係なら、終わりにしなければならない。時には、完全に縁を切ってしまうのが最善の方法になることもある。

特にそれが当てはまるのは、虐待や共依存の関係だ。できるなら穏便に別れたほうがいいが、とにかくきっぱりと別れること。

他には、人間関係に限度や境界を決めたほうがいい場合もある。

たとえば、「母親と電話で話すのは、緊急時を除いて週に1回まで」というようなルールを決める。または、友人にこんなふうに言う。

「トム、正直に言うよ。別れた奥さんの悪口をやめないなら、もうきみには会いたくない。とにかく聞くに堪えないんだ」

健全な人間関係には、正しいリズムがあり、バランスがあり、折り合いがある。

1つの関係が終わると、新しい関係の可能性が開ける。害になる関係を終わりにすると、悩みが減り、心が落ち着くだろう。時間が増え、エネルギーも増える。感情に余裕ができるので、本当に大切な関係に集中できるようになる。

それに、害のある関係を終わりにするのは、長い目で見れば相手のためにもなるのだ。

とはいえ、前にも述べたように、関係を終わりにすることは、基本的によりよい人生につながる道ではない。他者を思いやる心を育て、たとえ愛される価値のない人であっても愛する心を育てることが、本当の意味でよりよい人生につながる。

自分に利益のある関係だけを大切にするのなら、それは愛ではない。利己主義だ。

すべての人間関係でより意識的になる

私の友人の話をしよう。名前は仮に「ジョン」とする。考えてみれば、「友人」と呼ぶのが適切かどうかもよくわからないが、それでも友人という言葉を使うことにする。

ジョンは電話をしても絶対に返さない。留守番電話にメッセージを残しても無視だ。メールの返事もほとんどない。

それでも数カ月に一度ほど、ジョンから電話がある。いつも突然の連絡で、たいていは夜だ。彼はまず、長い間連絡しなかったことを謝る。そして、今は落ち着いたので、またコーヒーかランチでも一緒にしようと言う。

私もできるかぎり同意する。

ジョンの人生は平坦ではなかった。親からは育児放棄され、ドラッグとアルコールの問題を抱え、ホームレスになったこともある。自分の失敗のことも平気で話す。

彼が苦労をしたのは、もちろん育った環境も原因になっているが、自業自得の面もあることは否定できない。

実際に会うときは、彼はいつも髭も剃らず、だらしない格好で現れる。

しかし、表情は明るく、今度こそ立ち直って神の道を進むと誓い、参加している更正のための集まりについて話してくれる。私はいつも、彼を応援している人がいることを伝え、自分もできるかぎり力になると約束する。そして最後に、私はたいてい「来週もまた会えるかな」と言うのだが、次に彼が連絡してくるのは数カ月後だ。

正直にいえば、ジョンとの関係で私が得るものは特にない。ジョンから何らかのアドバイスがもらえるわけでもないし、私が助けてもらえるような仕事をしていたり、特技があったりするわけでもない。有名人や偉い人の知り合いがいて、私に紹介してくれるわけでもない。私のことは人として大切に思ってくれているのかもしれないが、たとえそうだとしても、その気持ちを表現する方法は少々変わっていると言わざるをえないだろう。

それでも、彼がいつも与えてくれるものが1つある。

それは、誰かを愛するチャンスだ。それも、見返りを期待する愛ではなく、無条件の純粋な愛だ。忍耐力、慈悲の心、責任、犠牲が必要な愛だ。つまり、本物の愛ということだ。ジョンとの関係は、私が本物の愛を示すチャンスだ。彼がどこに行こうと、どんなに長い間音信不通でも、いつでも待っていると伝えることができる。

これまでの人生で、静かに関係を終わりにした人も何人かいる。その一方で、たとえばジョンのように、いくら自分にとって目に見える利益がなくても、関係を続けたいと思う人もたしかにいる。

ここでの目標は、自分の利益にならない人間関係を手放すことではない。すべての人間関係で、より意識的になるということだ。私が出会いたいのは、私を導いてくれる人、指導してくれる人、愛してくれる人だ。

しかしそれと同時に、こちらから純粋に愛する相手も求めている。バランスのある人生には、両方の存在が必要だ。

目的意識を持って能力を最大限に発揮する

ミニマリズムという生き方が自分の一部になると、単に所有物が少なくなるだけでなく、ミニマリズムの哲学が人生全般に浸透するようになる。すべてのことで、もっと意識的に生きられるようになる。

何に対して「イエス」と言うか、「ノー」と言うかをよく考えるようになる。これまで見てきた3つの分野について、ここでおさらいしておこう。

まずはスケジュールだ。忙しさを健全なレベルに保ち、いちばん大切な活動に集中する。

2つめは健康だ。見た目にばかりこだわらず、健康であることを重視する。体が健康であれば、大切な目的のためにがんばることができる。

そして3つめは人間関係だ。害になる関係は手放し、自分にとって大切な関係なら、たとえ目に見える利益がなくても、努力して維持していく。

大きな喜びを経験できるのは、人生のすべての側面で、賢くて健全な習慣を確立している人だ。彼らは能力を最大限に生かし、想像もしていなかったようなすばらしいことを達成できる。

ミニマリズムの目的も、人生で何かを達成することだ。

本書の冒頭からずっと述べているように、ミニマリズムを実践すると生活に余裕が生まれ、本当に大切な夢を追求できるようになる。

この旅のしめくくりとして、次の章ではこのことについて考えていこう。

第13章 ものの少ない暮らしの先にあるもの

この本を書き始めたとき、私は1つの目標を決めた。

それは、「具体的なミニマリズムの方法だけでなく、ミニマリズムの本来の目的も読者に伝える」という目標だ。そして本来の目的とは、いちばん大切な夢を追い求める自由を手に入れることだ。

私は目標を達成できただろうか？ あなたはこの本を読みながら、自分の大きな夢について考えていただろうか？ またはもしかしたらすでにものが少ない生活の自由を手に入れ、いくつかの夢を実現させただろうか？

あなたの家が、以前よりもすっきりして、平和で、お客さんを歓迎する空間になっていることを願っている。不要品の山につまずいたり、探し物で時間を無駄にしたり、ストレスが増えるだけの自宅に帰るのにうんざりしたりしていないことを願っている。

スケジュールも、健康管理も、人間関係も、健全な状態に保たれていることを願っている。刺激が欲しい、やる気を出したいと思ったら、この本を何度も読み直してもらいたい。自分に合ったミニマリズムのスタイルを見つけ、それを維持していこう。

しかし、ただものを減らすだけで、時間、お金、自由というミニマリズムの「配当」を活用しなかったら、何年もかけて年金を積み立てたのに、引退してから年金をまったく使わないようなものだ。

前の章では、意識的に生きるということについて話をした。この姿勢がいちばん生かされるのは、大切な夢を追い求めるときだろう。

今のあなたは、ミニマリズムのおかげで、それを実行する自由を手に入れた。だから、これを言わずに、この本を終わりにすることはできない。

「夢に挑戦しよう！」

航空券の予約をしよう。絵画教室に申し込もう。ボランティア団体に連絡しよう。トライアスロンのトレーニングを始めよう。自分の店を始めよう。パイロットの学校に行こう。孫の近くに引っ越そう。自分の歌のＣＤを出そう。山に登ろう。フランス料理を習おう。小説を書こう。学位を取ろう。里親になろう。乗馬の大会に出よう。

どんな夢でもいい。チャンスがあったらぜひやりたいと思っていた夢があるのなら、それを今すぐに実行しよう。

今日も世界のどこかで、ミニマリストのアネット・ガートランドが、世界を旅して暮らすという夢を実現している。

世界のどこかで、ミニマリストのデイヴ・バルスロップが、小説を書くという夢をかなえている。

世界のどこかで、誰かがミニマリストのすばらしさを紹介するという新しい仕事を楽しんでいる。

あなたも、いちばん大きな夢をかなえることができる。

そのためには、ただ挑戦すればいい。

夢は見るためにあるのではない。夢は実現するためにある。

生きるうえで大切な物語が教えてくれる教訓

ある日の午後、イエス・キリストは弟子たちを前に、天の王国の話をした。

イエスはいつものように、弟子たちにわかりやすいように物語を使って説明した。

イエスは言った。

「天の王国は、上質な真珠を探す商人のようなものだ。商人は最高の真珠を見つけたら、それまで手に入れたものをすべて売り、そのお金で最高の真珠を買った」[1]

おそらくこの商人は、最高の真珠と出会うまでに、かなりのものを所有していただろう。そして、自分の所有物が気に入っていたに違いない。

しかし、最高の真珠に出会うと、商人は真珠の価値を見抜く目があったために、自分のどの所有物よりも価値があるということを理解した。

ここで大切なのは、この商人が実際に真珠を手に入れたことだ。

ただ「すばらしい真珠だ！」と言って、あとは忘れてしまったのではない。

自分の所有物の価値を過大評価することもなく、真珠の価値をわざと下げることもなかった。彼は怠惰でもなく、臆病でもなかった。このチャンスを逃さなかった。人に説得されて、真珠をあきらめたりもしなかった。

商人は決意し、そして行動した。所有物をすべて売り、真珠を手に入れたのだ。

もちろん敬虔なキリスト教徒なら、イエスの話の要点が「天の王国」であることはわかっている。弟子たちに「天の王国を目指しなさい」と伝えることが目的だった。

しかしここでは、真珠は何のたとえかということよりも、商人の行動のほうに注目したい。彼の行動は、ミニマリズムの知恵を体現しているといえるだろう。

この物語を別の角度から眺めると、ミニマリズムのプロセスと同じだということがわかる。現在の所有物を手放し、そのおかげで手に入った余裕を活用して、本当に大切なものを手に入れているからだ。

あなたにとっての真珠は、あなた自身が決めなければならない。

しかし、あなたにとっての真珠が何であれ、商人の行動はお手本になる。

行動を起こそう。真珠を手に入れるために必要なことをしよう。

言い訳をして、理想の人生をみすみす逃してはいけない。ものの少ない人生を選んだ人たちは、すでに夢を実現している。

夢をかなえようとしているあなたのために、最後に伝えたいことがある。

あなたが最高の真珠を手に入れられるように、励ましの言葉と、ハッパをかける言葉を贈りたい。

本当に大切なこととは

最高の真珠の物語は、大事なことを教えてくれている。

それは、人生とは選択だが、すべての選択が同じ価値ではないということだ。

人生には、大切なことと、それほど大切ではないことがある。その違いがわかれば、人生の可能性は大きく開けるだろう。

そして、ある種の挑戦は、すべてを犠牲にする価値がある。

ミニマリズムも、まさにこの原則の上に成り立っている。

人生には、ただものを買い集めるよりもずっと大切なことがある。大切なことが見えるようになれば、それを妨げる余分なものをすべて手放しても、何かを犠牲にしているという気分にはならないだろう。

むしろ、人生でいちばん賢いことをしていると思えるはずだ。

私のミニマリズムの冒険も、そうやって始まった。

家にあふれるものたちのせいで、5歳の息子との時間が奪われているということに気づくと、ものを処分するのは簡単になった。私は真珠を見つけ、真珠を手に入れるために手放すべきものは手放した。それ以外の方法は考えられなかった。

ある種の選択は、他の選択よりも価値があるという考え方は、ミニマリズムによって手に入った自由をどう使うかという問題にも当てはまる。その自由を使って何をしてもかまわないが、すべてのことができるわけではない。ミニマリズムの「配当」を、いくつかの場所に分散投資できるが、すべての場所に投資することはできない。

それでは、最高の選択はいったい何だろう?

あなたにとってのいちばん大切な夢を決められるのは、あなたしかいない。私は本書の初めから、ずっとそう宣言してきた。あなたには自由がある。ミニマリズムで手に入ったリソースをどう使うかは、すべてあなたしだいだ。私が意見できることではない。

それでも、1つだけお願いがある。ミニマリズムでせっかく自由が手に入っても、自分の利益を追求することだけにその自由を使っていたら、あまりにももったいない。あなたの人生は、そんな利己的な生き方よりもずっと価値がある。

自分のためだけでなく、人のためにもなることを目指してもらいたい。

ミニマリズムが完成すると、あなたは実際に海辺のコテージに移り、釣り三昧の生活が送れるかもしれない。または毎日ゴルフをする生活を実現できるかもしれない。あなたがそういう生活に魅力を感じるなら、それはあなたの選択だ。

しかし、もっといい選択肢もある。それは、他者の人生を向上させることだ。

たとえば、仕事の経験を生かし、起業したばかりの人のメンターを無料で引き受けてみたらどうだろう？

または、地元のホームレスに行政サービスを紹介するという活動は？

または、母校で奨学金基金を設立するのはどうだろう？

または、地元の教会でリーダーを引き受けるのは？

または、医師と歯科医のチームをつくり、世界の医療が行き届かない場所で無料で治療を行うのはどうだろう？

または、老人ホームで寂しい思いをしている母親を引き取り、一緒に暮らすのはどうだろう？

考えてみれば、他者のために生きるようになるのは、ミニマリズムの自然な流れだ。そもそもミニマリズム自体が、自分は少ないもので暮らし、他の人が必要とするものまでため込まないので、利他的な生き方だといえる。だから、ミニマリズムの配当を他者のために投資するのは、この利他的な生き方の延長にすぎない。

もちろん、これはどちらか1つしか選べないという問題ではない。たまには釣りをしながら、教会のリーダーになることもできる。たまにはゴルフをしながら、新米の起業家のメンターにもなれる。

しかし、「他者を助ける」という選択肢を完全に無視するのは、やはり悲しいことだ。仮に、利己的な目的と、利他的な目的のどちらかを選ばなければならなくなったとしたら、あなたには後者を選んでもらいたい。そちらのほうが、本質的により価値のある生き方だからだ。

いちばん大きな夢は、人のためになりたいという夢だ。

その理由はたくさんある。たとえば、人のためになることをすると、自分だけでなく、他の多くの人にも影響を与える。私たちの人助けを見て他の人が刺激を受けると、人助けの輪がどんどん大きくなっていく。それに人助けには、人と人との絆を深める効果もある。孤独と恐怖、嫉妬と恨みを消してくれる。暗闇に覆われることが多い世界に、喜びの光をもたらしてくれる。

人のためになりたいという夢が、いちばん大きな夢である理由はもう1つある。利己的な夢をかなえても、長い目で見れば、絶対に心が満たされることはないが、人のためになることができると、本当の満足感を味わうことができる。

ものを手放すと、逆に豊かになれる

この本の主題は、ものを手放して、豊かな人生を送ることだ。

物質的なものにこだわるのをやめれば、もっと大きな人生を生きることができる。自分にとって本当に大切な価値に情熱を傾けることができる。矛盾しているように聞こえるかもしれないが、ものを減らすと、逆に豊かになれるのだ。

そして、ミニマリズムによって生まれたお金、時間、自由をどう使うかを考えるとき、もう1つの矛盾が現れる。自分の利益だけを追求することを選ぶと、たしかにある程度の幸せは手に入る。しかし、人のためになる道を選ぶと、はるかに大きな喜びと満足感が手に入る。なんだか矛盾しているようだが、本当のことだ。

こういう考え方は非現実的だと言う人がいることは知っている。

この弱肉強食の世界では、自分の身は自分で守るしかないという考えだ。しかし、視野が狭くなっているのは、むしろ彼らのほうかもしれない。

人のために生きている人は、そうでない人よりも自己肯定感が高く、精神状態が健全で、幸せだ。これは事実であり、今までに何度も証明されている。博愛主義は、健康状態を向上させ、寿命を伸ばす効果まである。

人との絆も深まり、誰もが利益を受ける。市民が積極的に参加するコミュニティは、安定して住みやすい場所になる。

調査によると、ボランティア活動をする10代の子供は、学校の成績がよく、自分に自信があり、勉強熱心だ。それだけでなく、ドラッグ使用、退学、10代の妊娠の確率も大きく下がる。また、幸福感を高める方法の中で、人助けをすることはつねに上位を占めている。[2]

あんまり押しつけがましくなる前に、1つ確認しておきたい。

私はなにも、利己的な目的を全面的に否定しているわけではない。

自分が楽しいこと、自分に必要なことをして幸せを追求するのも、それ自体は不健全なことではない。自分の魂を慰めるのは大切なことだ。人間には余暇が必要で、効果的に自分を楽しませる必要がある。

それでも、自分だけがいい思いをするような幸せを追求していると、本物の幸せ、もっとも純粋な幸せからは遠ざかってしまうだろう。

あの特別な真珠が、偽造品になってしまう。

たしかに矛盾して聞こえるかもしれない。それでも、本物の幸せと満足感を手に入れるいちばんの近道は、自分の利益を直接追求することではなく、人のためになることだ。

ここで、人のために生きる道を選んだらどうなるのか考えてみよう。

まず自由が増える。ストレスが減り、不安が減り、不満が減る。

満足感が大きくなり、生きている実感が持てる。人のために生きていると、人と比べる必要がなくなる。人の上に立ちたいという気持ちがなくなるので、肩の荷が降りる。

自分のしていることがよくわかっていて、それが大切なことだということも知っている。人生に満足し、目的意識を持って生きることができる。

私が今ここで言っていることは、あなたにとっては当たり前のことかもしれない。もしかしたら、あなたの夢は、最初から人のために生きることだったかもしれない。

もしそうなら、私にとっても嬉しいことだ。おそらくあなたは、私と同じように人のために生きる喜びをすでに経験し、もっと同じ喜びが欲しいと思っているのだろう。

そんなあなたなら、ミニマリズムをきっかけに夢にさらに磨きをかけ、想像もしていなかったような大きな夢に育てることができる。

あなたには大きな夢を持ってもらいたい。そしてその夢から、大きな満足感を手に入れてもらいたい。人のためになることがあなたの夢なら、それは実現するだろう。

インドの詩人のラビンドラナート・タゴールは、こんな言葉を残している。

「私は眠り、人生は喜びだという夢を見た。私は目を覚まし、そして人生は他者に仕えることだと悟った。私は実行し、そして目撃する。人に仕えることは喜びだった」[3]

ポジティブな変化を起こす

私たちの誰もが、意味のある人生を送りたいと思っている。世界をいい方向に変えたいと思っている。すべての人が、自分という枠を超えた、もっと大きな目的のために生きたいという思いを、生まれながらに持っている。

周りを見わたせば、それが実感できるだろう。

誰もが「影響力」に大きな興味を持っている。影響力を手に入れるためにお金を払い、戦い、勉強している。世間は、人々の影響力の大きさを測り、愚かな理由で誰かの影響力を認めたりする。しかし、こうやって影響力を求めて日夜戦う中で、大切な真実を忘れてしまっているようだ。

私たちは、すでに影響力を持っている。

すべての人が、すでに他者に何らかの影響を与えているのだ。

家でも、職場でも、インターネットでも、地元コミュニティでも、自分の言葉、表情、行動、決断が、つねに誰かに影響を与えている。交流する相手が5人でも、50人でも、500人でも、私たちの存在が周りの人に影響を与え、その影響が波紋のようにさらに広がっていく。

完全にニュートラルな人との交流は存在しない。人と関わると、そこには必ずポジティブな影響かネガティブな影響が発生する。相手の人生の価値を高めることもできれば、相手の人生に害を与えることもできる。

この影響力は、変化を起こすきっかけにもなれるし、現状のままで固定させる手段にもなる。世界をいい場所にすることもできるし、耐えがたい場所にすることもできる。

あなたがすでに持っている善意を信じよう。

自分の影響力を、意識的に使うようにしよう。

あなたも、私も、そしてすべてのミニマリストも、自分には世界をいい方向に変える力があり、今すぐに始められるということを、忘れないようにしよう。

成長を祝い、強さを発揮し、ポジティブな変化を起こしていこう。

もっと豊かに暮らすためにできること

ミニマリズムのおかげでゆとりのある生活が手に入ったら、まずはその生活を楽しんでもらいたい。「死ぬ前にやっておきたいこと」リストに載っている冒険に挑戦するなら、それもすばらしいことだ。

ものより経験を大切にするようになったのなら、私も同じだと伝えたい。遠慮せずに何でもやってみよう。

ものへの執着を捨てれば、夢の人生を実現する自由とチャンスが手に入る。

それでも、ミニマリズムの配当を投資して最大のリターンを手に入れたいのなら、配当を人のために使うことを考えてみよう。

家族、地元の人たち、世界の恵まれない人たちが、あなたの助けを必要としている。彼らに惜しみなく与えれば、あなたの心の中ですばらしいことが起こる。

これが、「少ないもので豊かに生きる」ということだ。

大切なのは、家の大きさではない。どんな車に乗っているかということでも、どのブランドのジーンズをはいているかということでもない。

世界にどんな貢献ができるかは、どんな人生を選ぶかによって決まり、他者にどんな人生を実現させるかで決まる。

人生は一度きりなのだから、大きな夢を見よう。

そして目を覚まし、夢を現実にしよう。

謝辞

エージェントのクリス・フィアビーと初めて話したとき、なぜ紙の本という形で出版したいのかと尋ねられた。ブロガーという立場なら、何でも自由に書くことができるからだ。しかし、彼が質問する前から、私の中で答えはすでに決まっていた。

「きちんとした出版社から出したいのは、いい本にしたいからだ。チームの力があれば、1人で書くよりもずっといいものができる。とても大切なメッセージを伝える本なので、最初でつまずくわけにはいかないんだ」

私には自分の望みがわかっていた。

それでも、本をつくるという作業が、ここまで大変だとは想像もしていなかった。

この本が今の形で存在するのは、多くの人の努力と献身の賜《たまもの》だ。これはチームで書いた本だ。だからチームのメンバーの功績をここに記しておきたい。

協力してくれたすべての人に感謝の言葉を伝えたいが、残念ながら数が多すぎて、ここで全員の名前をあげることはできない。それでも、特別に尽力してくれた人たちについては、ここで個別に感謝の意を表したい。

編集者で新しい友人のエリック・スタンフォードは、おそらくこのプロジェクトのために誰よりも多くの時間を提供してくれた。もしかしたら私以上かもしれないと思うこともある。数え切れないほどの書き直し、メールのやりとり、電話での会話をくり返し、あなたは私の声と言葉に深みを与えてくれた。そして私1人の力よりも1000倍はいい本に仕上げてくれた。エリック、心の底から感謝している。

エージェントのクリス・フィアビーは、厳しい質問を投げかけ、最初からこの本を正しい方向に導いてくれた。この本が存在するのはあなたのおかげだ。永遠に感謝する。プロジェクトよりも私自身のことを気にかけてくれてどうもありがとう。そして、一貫して信頼できる存在でいてくれたことにも感謝している。

この本を出してくれた出版社のウォーターブルック・マルトノマー。スーザン・チャーデンとデーヴィッド・コップと最初に電話で話したとき、私は寝室のクローゼットの中で椅子に座っていた。そして電話を切るときには、この出版社以外には考えられないとすでに確信していた。

私の情熱、私の声、私の使命を、他の誰よりも理解してくれた。ティナ・コンスタブルは、プロジェクトの当初から意見を出し、本の可能性に説得力を与えてくれた。それに、カバーデザイナー、マーケター、コピーエディター、校正係をはじめとする、ウォーターブルック・マルトノマーのチーム全員に感謝する。

また、ミニマリズムの哲学を教えてくれた先輩たちにも感謝する。本の中で言葉を引用させてもらった人もいれば、私の考え方の土台になってくれた人もいるが、この本のすべての言葉にあなたたちの貢献が生きている。

そして今の私の人生も、あなたたちのおかげだ。

私のブログ「ミニマリストになる」の読者たちにも心からの感謝を。コメントを寄せてくれたこと、メールをくれたこと、中身をシェアしてくれたこと、イベントに参加してくれたこと、そのすべてにありがとうと伝えたい。

あなたたちのおかげで、楽しくブログを書くことができる。何度も夜遅くまでパソコンに向かうことができるのも、あなたたちの励ましのおかげだ。

この旅はバーモントで始まり、アリゾナで終わった。

それでも私の心は、いつでもサウスダコタにある。私は両親と家族を、言葉では言い尽くせないほど愛している。私を信じ、私の人格を育て、人生の基礎を築いてくれたことに心から感謝している。信頼、平和、粘り強さ、慈悲、そして愛にあふれた人生を送ることができるのは、すべて私を育ててくれた家族のおかげだ。

そして最後は、もっとも大切な人たちに感謝の言葉を贈りたい。忠実な妻のキンバリー、大切な子供たちのセーレムとアレクサ。みんなの笑いと愛が、私の人生に喜びをもたらしてくれる。私の足取りを軽くし、仕事に刺激を与えてくれる。この本は私の自慢だが、家族はもっと大きな自慢だ。あなたたちが生きた人生が、世界に祝福を与えますように。

そしてすべての人が、ものを所有することよりも、大きな目的を見つけられることを願っている。

第 1 章

1. Will Rogers, BrainyQuote.com, www.brainyquote.com/quotes/quotes/w/willrogers167212.html.

2. James Twitchell, “Two Cheers for Materialism” The Consumer Society Reader, eds. Juliet Schor and D. B. Holt (New York: W. W. Norton, 2000) 283.

3. Mary MacVean, “For Many People, Gathering Possessions Is Just the Stuff of Life,” Los Angels Times, March 21, 2014, http://articles.latimes.com/2014/mar/21/health/la-he-keeping-stuff-20140322.

4. “Average Home Has More TVs than People,” USA Today, September 21, 2006, http://usatoday30.usatoday.com/life/television/news/2006-09-21-homes-tv_x.htm.

5. National Association of Professional Organizers, www.napo.net/press_room/organizing_statistics.pdf.

6. “UPPERcase Inc. Outlook on Residential Storage,” UPPERcase Modular Storage Systems, http://uppercasestorage.com/cmsdocs/Whitepaper_on_Residential_Storage_Market.pdf.

7. Jon Mooallem, “The Self-Storage Self,” New York Times Magazine, September 2, 2009, www.nytimes.com/2009/09/06/magazine/06self-storage-t.html?em&_r=0.

8. Tim Chen, “American Household Credit Card Debt Statistics: 2015,” NerdWallet.com, www.nerdwallet.com/blog/credit-card-data/average-credit-card-debt-household/.

9. Louise Story, “Anywhere the Eye Can See, It’s Likely to See an Ad,” New York Times, January 15, 2007, www.nytimes.com/2007/01/15/business/media/15everywhere.html?_r=0.

第 2 章

1. Luke 18:18-23, MSG.

2. John 10:10, MSG.

3. See Changing Times: Holistic Journalism That Makes a Difference, https://time2transcend.wordpress.com/.

第 3 章

1. These people are all my fellow bloggers. Dave Bruno: http://guynameddave.com/. Colin Wright: http://exilelifestyle.com/. Tammy Strobel: http://tammystrobel.com/. Leo Babauta: http://zenhabits.net/. Francine Jay: www.missminimalist.com. Everett Bogue:

http://evbogue.com/. Karen Kingston: www.karenkingston.com. Adam Baker: http://manvsdebt.com/.

2. Mark 5:18-19, MSG.

3. Dave Balthrop, "The Trip That Changed Everything," Simple Life Reboot, http://simplelifereboot.com/the-trip-that-changed-everything/; and "Our Journey," http://simplelifereboot.com/about-us/our-journey/.

第 4 章

1. Ernest Dichter, quoted in Sarah van Gelder, "A Brief History of Happiness: How America Lost Track of the Good Life — and Where to Find It Now," Yes! Magazine, February 5, 2015, www.yesmagazine.org/happiness/how-america-lost-track-of-the-good-life-and-where-to-find-it-now. I am indebted to van Gelder's article for her analysis of the history of American consumerism.

2. van Gelder, "A Brief History of Happiness."

3. "Song Dong," Museum of Modern Art, www.moma.org/interactives/exhibitions/projects/song-dong/.

4. One of many resources on the generations is Jill Novak, "The Six Living Generations in America," The Marketing Teacher, May 8, 2014, www.marketingteacher.com/the-six-living-generations-in-america/.

5. Derek Thompson and Jordan Weissman, "The Cheapest Generation: Why Millennials Aren't Buying Cars or Houses, and What That Means for the Economy," The Atlantic, September 2012, www.theatlantic.com/magazine/archive/2012/09/the-cheapest-generation/309060/2/.

6. Kevin Tampone, "Black Friday 2014: By the Numbers," Syracuse.com, November 26, 2014, www.syracuse.com/news/index.ssf/2014/11/black_friday_2014_by_the_numbers.html.

7. "US Total Media Ad Spend Inches Up, Pushed by Digital," eMarketer.com, August 22, 2013,www.emarketer.com/Article/US-Total-Media-Ad-Spend-Inches-Up-Pushed-by-Digital/1010154.

8. Drazen Prelec and Duncan Simester, "Always Leave Home Without It: A Further Investigation of the Credit-Card Effect on Willingness to Pay," Marketing Letters 12, no. 1 (February 2001): 1, 5-12, http://link.springer.com/article/10.1023/A%3A1008196717017.

9. Brad Tuttle, "J.C. Penney's Pricing Is Faker than Ever," Time, January 31, 2014, http://business.time.com/2014/01/31/j-c-penneys-pricing-is-faker-than-ever/.
10. Carrie Sloan, "9 Secret Ways Stores Seduce Us into Buying," LearnVest.com, September 23, 2011, www.learnvest.com/knowledge-center/9-secret-ways-stores-seduce-us-into-buying/.

第5章

1. Margaret S. Clark et al., "Heightened Interpersonal Security Diminishes the Monetary Value of Possessions," Journal of Experimental Social Psychology 47, no. 2 (March 2011): 359-64, quoted in Serena Gordon, "Insecurity in Relationships Binds People to Possessions," US News and World Report, March 11, 2011, http://health.usnews.com/health-news/family-health/brain-and-behavior/articles/2011/03/11/insecurity-in-relationships-binds-people-to-possessions.

第6章

1. Joshua Fields Millburn, "Does This Add Value to My Life?" The Minimalists, www.theminimalists.com/add-value/.
2. Marie Kondo, The Life-Changing Magic of Tidying Up: The Japanese Art of Decluttering and Organizing, trans. Cathy Hirano (Berkeley, CA: Ten Speed Press, 2014), 39.
3. Peter Walsh, interview by Linda Samuels, "Ask the Expert: Peter Walsh," The Other Side of Organized, May 21, 2013, http://theothersideoforganized.com/blog/2013/5/21/ask-the-expert-peter-walsh.html.
4. William Morris, BrainyQuote.com, www.brainyquote.com/quotes/quotes/w/williammor158643.html.

第7章

1. Dave Bruno, The 100 Thing Challenge: How I Got Rid of Almost Everything, Remade My Life, and Regained My Soul (New York: Harper, 2010), 80.
2. Bruno, The 100 Thing Challenge, 81-2.
3. Bruno, The 100 Thing Challenge , 76, 81-82, 85.
4. National Association of Professional Organizers, www.napo.net/press_room/organizing_statistics.pdf, 9.

5. Michael F. Woolery, Seize the Day! How to Best Use What Can't Be Replaced–Time (Oklahoma City: TimeLink, 1991), 89.
6. Leo Babauta, "Clutter Is Procrastination," mnmlist, http://mnmlist.com/clutter-is-procrastination/.
7. John Patrick Pullen, "How to Go Completely Paperless This Year," Time, January 19, 2015, http://time.com/3672824/go-paperless/.
8. Internal Revenue Service, "How Long Should I Keep Records?" www.irs.gov/Businesses/Small-Businesses-&-Self-Employed/How-long-should-I-keep-records.
9. Erin Stepp, "Annual Cost to Own and Operate Vehicle Falls to $8,698, Finds AAA," American Automobile Association, April 28, 2015, http://newsroom.aaa.com/2015/04/annual-cost-operate-vehicle-falls-8698-finds-aaa/.
10. Phil LeBeau, "Americans Borrowing Record Amount to Buy Cars," CNBC, March 4, 2014, www.cnbc.com/id/101461972.
11. Harvey Mackay, Twitter, January 29, 2013, https://twitter.com/harveymackay/status/296293630627438592.

第８章

1. See htpp://patrickrhone.com/.
2. Patrick Rhone, Enough, (First Today Press, 2012), 10-11.
3. See http://bemorewithless.com/.
4. See http://theproject333.com/.
5. See http://theminimalists.com.
6. Ryan Nicodemus, "Packing Party: Unpack a Simpler Life," The Minimalists, www.theminimalists.com/packing/.
7. Ryan Nicodemus, from an earlier version of "Day 8, Beliefs," The Minimalists, www.theminimalist.com/21days/day8/.
8. See 1 Kings 10:14-29.
9. Ecclesiastes 2:1.
10. Ecclesiastes 2:4-9.
11. Ecclesiastes 2:10.
12. Ecclesiastes 2:11.

第 9 章

1. Sarah Peck, "The Story of Enough: Giving Up (New) Clothes for One Year," guest post, Becoming Minimalist, www.becomingminimalist.com/minimalist-enough/.
2. Katy Wolk-Stanley, "Why I've Chosen to Buy Nothing New for 8 Years!" guest post , Money Saving Mom, August 3, 2015, http://moneysavingmom.com/2015/08/ive-choosen-buy-nothing-new-8-years.html. See Katy's website at http://thenonconsumeradvocate.com/.
3. Assya Barrette, "7 Eye-Opening Lessons I Learned from Buying Nothing New for 200 Days," Collective Evolution, August 19, 2015, www.collective-evolution.com/2015/08/19/7-eye-opening-lessons-i-learned-from-buying-nothing-new-for-200-days/.
4. Cait Flanders, "The Year I Embraced Minimalism and Completed a Yearlong Shopping Ban," Blonde on a Budget, July 6, 2015, http://blondeonabudget.ca/2015/07/06/the-year-i-embraced-minimalism-and-completed-a-yearlong-shopping-ban/.
5. Jeff Shinabarger, "147 Meals Later," Huffington Post, December 28, 2012, www.huffingtonpost.com/jeff-shinabarger/147-meals-later_b_2362892.html.
6. "Recent Holiday Shopping Trends," Fundivo, from the National Retail Federation, www.fundivo.com/stats/retail-holiday-shopping-statistics/.
7. "Giving Thanks Can Make You Happier" HEALTHbeat, Nov. 22, 2011, www.health.harvard.edu/healthbeat/giving-health-can-make-you-happier.
8. Emily L. Polak and Michael E. McCullough, "Is Gratitude an Alternative to Materialism?," Journal of Happiness Studies 7 no. 3(September 2006): 355.

第 10 章

1. See www.minimalstudent.com.

第 11 章

1. Matthew 6:21.
2. See http://withthisring.org/.
3. "Charitable Giving in America: Some Facts and Figures," National Center for Charitable Statistics, http://nccs.urban.org/nccs/statistics/Charitable-Giving-in-America-Some-Facts-and-Figures.cfm; "Charitable Giving Statistics," National Philanthropic

Trust, www.nptrust.org/philanthropic-resources/charitable-giving-statistics/; and "Giving USA 2015: Annual Report on Philanthropy for the Year 2014," Giving USA, http://givingusa.org/product/giving-usa-2015-report-highlights/.
4. Anne Frank, Anne Frank's Tales from the Secret Annex (New York: Bantam, 2003), 89.
5. One of many sources confirming that being generous and compassionate is good for your health: Jeanie Lerche Davis, "The Science of Good Deeds," WebMD, www.webmd.com/balance/features/science-good-deeds.
6. Susan Adams, "Guess What Stresses Americans the Most," Forbes, February 4, 2015, www.forbes.com/sites/susanadams/2015/02/04/guess-what-stresses-americans-the-most/
7. "The World of Seven Billion," National Geographic, http://ngm.nationalgeographic.com/2011/03/age-of-man/map-interactive.

第 12 章

1. "Three-Quarters of Parents Too Busy to Read Bedtime Stories," Telegraph (UK), February 27, 2009, www.telegraph.co.uk/women/mother-tongue/4839894/Three-quarters-of-parents-too-busy-to-read-bedtime-stories.html.
2. Dean Schabner, "Americans: Overworked, Overstressed," ABC News, http://abcnews.go.com/US/story?id=93604&page=1&singlePage=true.
3. A. Pawlowski, "Why Is America the 'No-Vacation Nation'?," CNN, May 23, 2011, www.cnn.com/2011/TRAVEL/05/23/vacation.in.america/index.html?_s=PM:TRAVEL.
4. Report highlights, "Stress in America: Paying with Our Health," American Psychological Association, www.apa.org/news/press/releases/stress/2014/highlights.aspx, full article at www.apa.org/news/press/release/stress/2014/stress-report.pdf.
5. Mike Burns, "5 Steps to Declutter Your Schedule and Live Your Desired Life," guest blog, Becoming Minimalist, www.becomingminimalist.com/declutter-your-schedule/. Mike blogs at http://theothersideofcomplexity.com/.
6. Lucius Annaeus Seneca, On the Shortness of Life (London: William Heinemann, 1932), part VII. http://en.wikisource.org/wiki/On_the_shortness_of_life/Chapter_VII.
7. "The American Society for Aesthetic Plastic Surgery Reports Americans Spent Largest Amount on Cosmetic Surgery Since The Great Recession of 2008," news release, American Society for Aesthetic Plastic Surgery, March 20, 2014, www.surgery.org/media/news-releases/the-american-society-for-aesthetic-plastic-surgery-reports-

americans-spent-largest-amount-on-cosmetic-surger; and "Statistics and Facts on the Cosmetics Industry," Statista.com, www.statista.com/topics/1008/cosmetics-industry/.
8. Melissa Dahl, "Stop Obsessing: Women Spend 2 Weeks a Year on Their Appearance, TODAY Survey Shows," Today, February 24, 2014, www.today.com/health/stop-obsessing-women-spend-2-weeks-year-their-appearance-today-2D12104866.
9. Lucy Waterlow, "He's the Fairest of Them All! Men Now Spend Longer on Grooming and Getting Ready Than Women," Daily Mail (UK), January 25, 2013, www.dailymail.co.uk/femail/article-2268214/HEs-fairest-Men-spend-longer-grooming-getting-ready-women.html.
10. Emma Johnson, "The Real Cost of Your Shopping Habits," Forbes, January 15, 2015, www.forbes.com/sites/emmajohnson/2015/01/15/the-real-cost-of-your-shopping-habits/.
11. Johnson, "The Real Cost of Your Shopping Habits."
12. Mattias Wallander, "Closet Cast-offs Clogging Landfills," Huffington Post, June 27, 2010, www.huffingtonpost.com/mattias-wallander/closet-cast-offs-clogging_b_554400.html.
13. Dahl, "Stop Obsessing,"
14. Olga Khazan, "Why Do So Many Women Wear So Much Makeup?" Atlantic, April 28, 2014, www.theatlantic.com/health/archive/2014/04/women-wear-too-much-makeup-because-they-mistakenly-think-men-want-them-to/361264/.
15. "Overweight and Obesity Statistics," National Institute of Diabetes and Digestive and Kidney Diseases, October 2012, www.niddk.nih.gov/health-information/health-statistics/Pages/overweight-obesity-statistics.aspx.
16. "One in 5 Adults Meet Overall Physical Activity Guidelines," press release, Centers for Disease Control and Prevention, May 2, 2013, www.cdc.gov/media/releases/2013/p0502-physical-activity.html.
17. "Fast Food Statistics," Statistic Brain Research Institute, www.statisticbrain.com/fast-food-statistics/;and David Hinckley, "Americans Spend 34 Hours a Week Watching Television, According to Nielsen Numbers," New York Daily News, September 19, 2012, www.nydailynews.com/entertainment/tv-movies/americans-spend-34-hours-week-watching-tv-nielsen-numbers-article-1.1162285.
18. Gary Thomas, Every Body Matters: Strengthening Your Body to Strengthen Your Soul (Grand Rapids, MI: Zondervan, 2011), 15.

19. “Water: How Much Should You Drink Every Day?” Mayo Clinic, September 5, 2014, www.mayoclinic.org/healthy-lifestyle/nutrition-and-healthy-eating/in-depth/water/art-20044256.
20. “How Much Physical Activity Do Adults Need?,” Centers for Disease Control and Prevention, June 4, 2015, www.cdc.gov/physicalactivity/basics/adults/.

第13章

1. Matthew 13:45-46.
2. Philip Moeller, “Why Helping Others Makes Us Happy,” U.S. News & World Report, April 4, 2012, http://money.usnews.com/money/personal-finance/articles/2012/04/04/why-helping-others-makes-us-happy.
3. Rabindranath Tagore, BrainyQuote.com, www.brainyquote.com/quotes/quotes/r/rabindrana134933.html.

【著者紹介】
ジョシュア・ベッカー（Joshua Becker）
◉――現代のミニマリズム運動を代表する１人。ミニマリズム生活を紹介するウェブサイト「ミニマリストになる（BecomingMinimalist.com）」の創設者、編集者。このサイトは毎月100万人以上が訪問する。国際的に活躍する講演家で、これまでに「タイム」誌、「サクセス」誌、「ウォール・ストリート・ジャーナル」紙、「ボストン・グローブ」紙、「クリスチャニティ・トゥデイ」誌、イギリスの「ガーディアン」紙など、多数のメディアで紹介された。主な著書に、ウォール・ストリート・ジャーナル・ベストセラーになった『Simplify』や、『Clutterfree with Kids』などがある。妻のキムとともにNPO「ホープ・エフェクト」を設立。孤児に本物の家族のような環境を提供する活動を行っている。
◉――ネブラスカ大学オマハ校経営学部卒。ミネソタ州セントポールにあるベセル大学神学部で神学修士号を取得。卒業後は、ネブラスカ、ウィスコンシン、バーモント、アリゾナの教会で15年にわたって牧師を務める。現在はアリゾナ州フェニックス近郊に在住。妻と２人の子供とともに暮らしている。

【訳者紹介】
桜田　直美（さくらだ・なおみ）
◉――翻訳家。早稲田大学第一文学部卒。訳書に『STRONGER「超一流のメンタル」を手に入れる』（かんき出版）、『こうして、思考は現実になる』『こうして、思考は現実になる（２）』（いずれも、サンマーク出版）、『生きるために大切なこと』（方丈社）、『「潜在意識」を変えれば、すべてうまくいく』（SBクリエイティブ）、『10％HAPPIER』（大和書房）などがある。

より少《すく》ない生《い》き方《かた》 ものを手放《てばな》して豊《ゆた》かになる　〈検印廃止〉

2016年12月12日　第１刷発行
2022年10月24日　第８刷発行

著　者――ジョシュア・ベッカー
訳　者――桜田　直美
発行者――齊藤　龍男
発行所――株式会社かんき出版
東京都千代田区麴町4-1-4 西脇ビル　〒102-0083
電話　営業部：03(3262)8011㈹　編集部：03(3262)8012㈹
FAX　03(3234)4421　振替　00100-2-62304
http://www.kanki-pub.co.jp/

印刷所――ベクトル印刷株式会社

 ISBN978-4-7612-7227-2 C0030